Mit acht Abbildungen

Titelbild: Johannes empfängt eine Buchrolle

guenther h.klein

Die Offenbarung des Johannes

Impressum:

Herstellung und Verlag:

BoD – Books on Demand, Norderstedt

Gestaltung und Satz: $\LaTeX\,2_\varepsilon$

Alle Textrechte © 2021 guenther h. klein

ISBN 9783755727422

Printed in Germany

INHALTSVERZEICHNIS

Vorwort

Die Offenbarung des Johannes gilt als schwer zu verstehendes Buch. Es wird auch als Buch der sieben Siegel bezeichnet. Die Offenbarung unterscheidet sich in vielerlei Hinsicht vom Evangelium des Johannes. Es könnte sich um zwei verschiedene Personen gehandelt haben. Der Name wird damals gängig gewesen sein. Eine Aufstellung:

- Es gibt den Evangelisten Johannes
- Johannes der Täufer (Matthäus 3 ff)
- Johannes Markus (Apg 12,12)
- Petrus, Sohn des Johannes (Joh 1,42)
- Johannes, aus dem Geschlecht der Hohepriester (Apg 4,6)
- Johannes der Schreiber der Offenbarung. Er nennt sich auch Prophet (Offb 22,9)

Auf der anderen Seite spricht Johannes vom Lamm. Er meint damit Jesus.

Es gibt in der Offenbarung viele Bildreden, Zahlensymbolen und Metaphern. Das führt zu verschiedenen Deutungen, Missdeutungen und zu mancherlei Interpretationen. Die Offenbarung wurde und wird zum Berechnen der Endzeit herangezogen, obwohl sie kein Rechenbuch ist. Hierzu gehört auch die »Große Trübsal« und die »Große Drangsal«. Der Begriff der »Ent-

rückung« darf dabei nicht fehlen. Es gibt in der
Tat Meinungen, dass durch das Tragen von Fest-
kleidern man könne vorzeitig in den Himmel
entrückt werden. Wenn man dann noch das
1.000 Reich hinzuzieht, bleibt die Offenbarung
ein geheimnisvolles Buch.

Der Autor, der sich Johannes nennt, Kapitel
1,1, nennt sich mit seinem Namen. Im Evangelium nennt sich Johannes aber nicht mit Namen.
Er umschreibt seine Person. Johannes 21,24-25:
»Dieser Jünger ist es, der all das bezeugt und
der es aufgeschrieben hat; und wir wissen, dass
sein Zeugnis wahr ist.« Das ist nicht nur der
einzige Unterschied. In der Apostelgeschichte
steht folgender Text:

Apostelgeschichte 4,13:

»Als sie den Freimut des Petrus und des
Johannes sahen und merkten, dass es un-
gelehrte und einfache Leute waren, wun-
derten sie sich. Sie erkannten sie als Jünger
Jesu [...]«

Die Offenbarung ist ein Buch, dass von einer
Person geschrieben wurde, die sich im AT gut
auskannte. Ein weiterer Unterschied ist, Johannes nennt weder einen Paulus noch ein Petrus
oder andere Apostel mit Namen. Dafür nennt
sich Johannes Prophet (vgl. 10,7; 18,10; 22,9). Im

Kapitel 21,14 spricht der Prophet von Aposteln.

Es könnte sich mindestens um zwei Personen gehandelt haben, hätte der Wanderprediger Johannes in der Frage der Kanonisierung keinen Platz finden können. Im Konzil von Nicäa (325) war man der Meinung, die beiden Personen seien identisch. So fand die »Offenbarung des Johannes« als letztes Buch der Bibel seinen gesetzten Platz. Der Schreiber Johannes hat nicht das Heil der Welt im Auge, sondern dass des eigenen Volkes. Das zeigt der folgende Text:

Offb 21,14:

»Das Fundament der Stadtmauern bestand aus zwölf Grundsteinen, auf denen ebenfalls zwölf Namen standen – die Namen der zwölf Apostel des Lammes.«

Er spricht vom himmlischen Jerusalem.

Unter welchem römischen Kaiser der Prophet Johannes gelebt hat, das ist nicht eindeutig belegt. Allgemein wird die Zeit des Kaisers Nero (54-68) angenommen. Dafür spricht das Kapitel 18,18. Dort wird von der brennenden Stadt Rom gesprochen. Die Tat soll Christen in die Schuhe geschoben worden sein. Die Zahl 666 ist ein weiteres Indiz für die Herrschaft Neros. Auch ist das Alter Johannes in Betracht zu ziehen. Wenn Johannes um die 40 Jahre alt gewesen

war, als er in Ephesus arbeitete, konnte er zum
Ende der Herrschaft Neros 60 bis 70 Jahre alt
gewesen sein. Dort könnte er im Exil seine
Offenbarung geschrieben haben. Dieser zeitlich
gesetzte Rahmen beruht freilich auf Annahmen.
Johannes selbst redet nicht davon. Er kennt
kaum „Ross und Reiter".

Andere Ausleger meinen Domitian (81-96) sei
der damals herschende Kaiser gewesen. Johannes nennt die beiden Kaiser nicht mit Namen.
Er spricht von Babylon - ein Deckname für Babel - er meint aber Rom. Johannes verwendete
verschiedene Prophetenbücher wie Daniel, Hesekiel (Ezechiel), Jesaja, Sacharja, Joël und die
Psalmen. Hinzu kommt eine Vielzahl von Engeln. Diese haben keine körperliche Existenz,
dienen aber dem Johannes als Sprachrohr seiner
vielfachen Reden. Eine Aufstellung der Sieben-
zahl:

- Sieben Engel
- Sieben Gemeinden
- Sieben Posaunen
- Sieben Plagen
- Sieben Schalen
- Sieben Siegel

4 Johannes überbringt seinen Gruß an die
  sieben Gemeinden in der Provinz Asien.

Er will auch Grüße von Jesus überbringen. Er ist der, der war, der ist und der kommt.

5 Er ist der Erstgeborene aus den Toten und regiert über alle Könige der Erde. »Ihm, der uns liebt und uns durch sein Blut erlöst hast.

6 Er hat uns zu Königen und Priestern gemacht vor Gott, seinem Vater. Das ist Herrlichkeit in Ewigkeit Amen.«

7 Er wird wiederkommen mit den Wolken, alle werden ihn sehen, auch die, die durchbohrt haben. Alle Völker werden seinetwegen jammern und wehklagen.

8 Ich bin das Alpha und das Omega, spricht der HERR, der war, der ist und der kommt. Er ist der Herrscher über die gesamte Welt.

• Zusatz: Das Buch von Eduard Lose »Die Offenbarung des Johannes«.[Loh88] war eine gute Hilfe.

KAPITEL 1

SENDSCHREIBEN AN DIE SIEBEN GEMEINDEN

- **Johannes erhält einen Auftrag:**

  9 Johannes stellt sich als Bruder vor. Er teilt mit anderen Brüdern die Königsherrschaft Jesu. Er war auf der griechischen Insel Patmos verbannt worden, um des Worten Gottes willen.[1]

  10 An einem Sonntag, dem Tag des Herrn, wurde ich vom Geist Gottes ergriffen.[2] Ich hörte eine laute Stimme, die wie eine Fanfare klang.[3]

[1] Felsige Insel in der Ägäis.

[2] Es gibt zwei alttestamentliche Bezüge, die vom »Tag des Herrn« sprechen. Der eine Tag ist die hebräische Bezeichnung für **jom jahwe** ist eine im Alten Testament von den Propheten angekündigte Zeit des Eintreffens vorhergesagter Ereignisse. Die andere Bezeichnung beinhaltet das göttlichen Gericht und besagt sogar Vernichtung und Verwüstung.

[3] Eine lange, ventilloses Widderhorn. Es ist nicht ver-

11 und mir befahl: Schreibe auf, was du siehst, auf eine Schriftrolle und sende sie an die sieben Gemeinden. An Ephesus, an Smyrna, an Pergamon, an Thyatira, an Sardes, an Philadelphia und an Laodizea.

12 Johannes wird in das Reich Gottes versetzt; er wollte wissen, wessen Stimme es war, der ihm den Auftrag gab.

13 Er sah sieben goldene Leuchter und mitten zwischen den Leuchtern jemand, der aussah wie ein Menschensohn.[4] Er trug ein Gewand, das bis zu seine Füßen reichte und ein breites goldenes Brustband.

14 Das Haar auf seinem Kopf glich schneeweißer Wolle. Seine Augen waren wie lodernde Flammen.

15 Seine Füße glänzten wie Golderz, das im Schmelzofen zubereitet wurde. Seine Stimme klang wie das Tosen einer mächtigen Meeresbrandung (siehe Daniel 10,6).

16 In seiner rechten Hand hielt er sieben Sterne und aus seinem Mund kam ein beidseitig geschliffenes Schwert (siehe Psalm 149,6; Hebräer 4,12). Seine Gesicht leuchtete wie die Sonne in ihrem höchsten

---

gleichbar mit der heutigen Trompete.
[4]Es ist eine von Jesus bevorzugte Selbstbezeichnung und geht zurück auf Daniel 7,13.

Stand.

17 Als ich das sah, fiel ich wie tot vor seine Füße (siehe Daniel 10,9-11) . Er aber legte seine Hand auf mich und sagte: »Hab keine Angst!

18 Ich bin der Erste und der Letzte und der Lebendige. Ich war tot, aber jetzt lebe ich in alle Ewigkeit; ich habe den Schlüssel zum Tod und zum Totenreich.

19 Schreibe alles auf, was du gezeigt bekommst, ob es die Gegenwart betrifft oder erst in späteren Zeiten geschehen wird.

20 Ich will dir erklären, was das Geheimnis der sieben Sterne ist, die du in meiner rechten Hand gesehen hast, und was die sieben goldenen Leuchter bedeuten: Die sieben Sterne sind sieben Engel der sieben Gemeinden selbst.«

• **Zusatz:** Die Vision von der Beauftragung des Johannes ist das erste Beispiel apokalyptischer Bildsprache im NT.

Ein Priester

KAPITEL 2

AN DIE GEMEINDE IN EPHESUS

Die erste Botschaft ist an Ephesus gerichtet. Ephesus ist eine der bekanntesten Städte der ehemaligen römischen Provinz Asien. Nahe bei der ehemaligen Bibliothek, die am Ende einer damaligen Prachtstraße steht, liegt heute die Stadt Selçuk. Die antike Stadt Ephesus wurde wegen Krankheiten an zwei verschiedenen Orten jeweils neu aufgebaut.

1 Schreibe an den Engel in Ephesus. So spricht der Herr, der die sieben Sterne in seiner rechten Hand hält und zwischen den sieben goldenen Leuchtern einhergeht:

2 Ich kenne dein Tun, deinen unermüdlichen Einsatz und deine Ausdauer. Ich weiß auch, dass du niemand in der Mitte duldest, der Böses tut. Du hast die, die sich Apostel nennen, aber nicht sind, ent-

larvt.

3 Du hast geduldig für mich gelitten, hast Schweres ertragen und bist darin nicht müde geworden.

4 Doch einen Vorwurf muss ich dir machen: Du hast die Anfangsliebe verlassen.

5 Denke einmal darüber nach, wie weit du abgekommen bist? Was ist bei die falsch gelaufen? Ändere das! Wenn du das nicht tust, werde ich den Leuchter von seinem Platz wegrücken.

6 Eines aber muss ich anerkennen: Du verabscheust die Praktiken der Nikolaiten genauso wie ich.

7 Wer Ohren hat, der höre und achte auf das, was der Geist Gottes den Gemeinden sagt. Wer im Kampf besteht, dem werde ich vom Baum des Lebens zu essen geben, der im Paradies Gottes steht.

● **Zusätze:**

In Ephesus wurde die Göttin Artemis verehrt. Der Silberschmied Demetrius, der silberne Artemistempel herstellte und davon lebte, kam mit Paulus in Kontakt. Paulus sagte, die von Menschen gemachten Götter seien zu nichts nütze. Hierzu der Bibelvers aus der Apostelgeschichte 19,27-28.

»So kommt nicht nur unser Geschäft in

Verruf, sondern auch dem Heiligtum der großen Göttin Artemis droht Gefahr, nichts mehr zu gelten, ja sie selbst, die von der ganzen Provinz Asien und von der ganzen Welt verehrt wird, wird ihre Hoheit verlieren. Als sie das hörten, wurden sie wütend und schrien: Groß ist die Artemis von Ephesus!«

Es kam zum Aufruhr. Bedeutsam ist auch, dass selbst ein religiös gebildeter Mensch die nahöstlichen Welten für die ganze Welt hielten.

Victorin von Pettau, eine der ältesten Kommentare zur Offenbarung des Johannes, kommentiert die Stelle Off 2,6 mit folgenden Worten:

»Seit dem Diakon Nikolaus hat sich eine Sonderlehre gebildet: Götzenopferfleisch soll einem Exorcismus unterzogen werden, damit es gegessen werden kann, und dass ein jeder, der Unzucht getrieben hat, am 8.Tage Frieden empfange.«

2.1 Die Gemeinde in Smyrna

8 Schreibe an den Engel in Smyrna folgenden Text: Der Erste und der Letzte, der tot war und wieder lebendig wurde, lässt

der Gemeinde Folgendes sagen:

9 Ich weiß von deiner Bedrängnis und Armut, obwohl du eigentlich reich bist. Ich weiß auch, wie du von Leuten verhöhnt und verleumdet wirst, die sich zwar Juden nennen, aber in Wirklichkeit eine Synagoge Satans sind.

10 Es werden noch manche Leiden auf dich zukommen. Der Teufel wird manche von euch ins Gefängnis werfen, um euch auf die Probe zu stellen, und ihr werdet 10 Tage lang Schweres durchmachen. Habe keine Angst davor, sei treu bis in den Tod, dann werde ich dir den Kranz des Lebens geben.

11 Wer Ohren hat, der höre, was der Geist Gottes den Gemeinden sagt. Wer siegt, dem kann der zweite Tod nichts anhaben.

• Zusätze:

Die ehemalige Stadt Smyrna ist das heutige Izmir. Die Stadt zählt rund drei Millionen Einwohner und liegt 55 nördlich von Ephesus. Seit dem 9. Jh. v.Chr. wurde Smyrna von wohlhabenden Griechen ausgebaut. Seit dem frühen 7. Jh. hatte Smyrna hohen Reichtum, wurde aber vom Lyderkönig Alyattes erobert und zerstört. Seit dieser Zeit hatte Smyrna den Charakter einer bedeutenden Hafenstadt verloren. Unter dem makedonischen Feldherrn und Diadochen Lysimachos, dem späteren König von Makedonien, wurde Smyrna wieder auf- und ausgebaut und erreichte einigen Wohlstand und Reichtum. Das machte sie unabhängig von anderen Städten. In Vers 9 spricht Johannes von der Synagoge Satans. Strenggläubige Juden waren der christlichen Gemeinde feindlich gesonnen. In Vers 10 wird von zehn Tagen gesprochen, an der sie Schweres durchmachen müssen. In Daniel 1,12;15;20 werden jeweils 10 Tage erwähnt.

2.2 An die Gemeinde in Pergamon

12 Schreibe an den Engel in Pergamon: Der, der das scharfe zweischneidige zur Verfügung steht, lässt der Gemeinde sagen:

13 Ich weiß, dass dort, wo du wohnst der Thron Satans steht. Und trotzdem hast du dich zu mir bekannt; du hast deinen Glauben an mir nicht verleugnet, auch damals nicht, als in eurer Stadt mein treuer Zeuge Antipas getötet wurde.

14 Aber ich habe etwas gegen dich: Es gibt bei dir Leute, die an der Lehre Bileams festhalten. Balak hatte Bileam gezeigt,

wie er die Israeliten zu Fall bringen könnte. Er verführte sie zum Essen von Opferfleisch, dass den Götzen geweiht war, und zu sexueller Zügellosigkeit.

15 Es gibt bei euch wieder einige Menschen, die den Lehren der Nikolaiten folgen

16 Ändere deine Einstellung und kehre um! Wenn du nicht umkehrst, werde ich nicht zögern, gegen dich vorzugehen und diese Leute mit dem Schwert meines Mundes zu bekämpfen.

17 Wer bereits ist zu hören, achte auf das, was der Geist den Gemeinden sagt. Wer siegreich aus dem Kampf hervorgeht, dem werde ich von dem Manna des Lebens zu essen geben, das jetzt noch verborgen ist. Und ich werde ihm einen weißen Stein geben, in dem ein neuer Name eingraviert ist, den niemand kennt außer dem, der ihn bekommt.

- **Zusätze:**
  - Das scharfe zweischneidige Schwert wurde bereits im Kapitel 1,16 erwähnt und wird im Vers 12 wiederholt. Der treue Zeuge Antipas ist die Kurzform von Antipater («Ebenbild des Vaters»). Offenbar wurde er in Pergamons umgebracht.
  - Bereits im Vers 9 wurde die Synagoge

Satans vorgestellt. Im Vers 13 heißt, es sei der Thron Satans. Damit ist der Tempel gemeint, der für den Gott Zeus errichtet wurde. Pergamon hat an Tempel, Altäre, Synagogen einiges zu bieten. Die Stadt heißt heute Bergama und gehört zur Provinz Izmir (Smyrna). Pergamon erinnert an das Pergament.

- »Das ist eine nicht gegerbte, nur leicht bearbeitete Tierhaut, die seit dem Altertum unter anderem als Beschreibstoff verwendet worden ist. Pergament ist ein Vorläufer des heutigen Papiers.«[Wik]
- In Pergamon steht ein Statue von Äskulap, die in der griechischen und römischen Mythologie an den Gott der Heilkunst erinnert. Das Symbol ist eine gewundene Schlange.
- Zwei alttestamentliche Personen mit Namen Bileam und Balak werden genannt. Der heidnische Seher Bileam (4.Mose 25,1-6; 31,16) galt im damaligen Judentum als erstes Beispiel eines Irrlehrers. Die Lehre Bileams wird mit der Lehre der Nikolaiten gleichgesetzt. Der Moabiterkönig Balak rief nach dem Seher Bileam, damit er das Volk der Israeliten verfluchen sollte. Bileam, der vom Zweistromland

kam, reiste in die Wüste, um dort seine Aufgabe zu erfüllen. Er errichtete mindestens zwei Altäre, auf denen er jeweils zweimal sieben Tiere opferte. Das Volk der Israeliten wäre am liebsten bei den Fleischtöpfen in Ägypten geblieben, mochte an den Opfertieren Appetit bekommen haben.

- Das Manna, das noch verborgen ist, hat alttestamentliche Wurzeln. Bemerkenswert ist auch der weiße Stein, auf dem die Namen der Sieger stehen. Die Farbe weiß steht für Reinheit und Lauterkeit und besitzt die gleiche Wertigkeit wie die weißen Gewänder und das schneeweiße Haar. Der Stein wird am Körper getragen und besagt etwas Geheimnisvolles. Es könnte sich um Talismane oder Amulette gehandelt haben. In 2.Makkabäer 12,40 ist davon die Rede.

2.3 An die Gemeinde in Thyatira

18 An den Engel in Thyatira schreibe: So spricht der Sohn Gottes,der Augen hat wie Feuerflammen und dessen Füße wie

Gold glänzen:

19 Ich kenne deine Werke, deine Liebe und deinen Glauben, dein Dienen und dein Ausharren und ich weiß, dass du in letzter Zeit mehr getan hast als am Anfang.

20 Doch einen Vorwurf muss ich die machen. Du lässt dieses Weib Isebel, die behauptet eine Prophetin zu sein, ungehindert gewähren. Und dabei verführt sie mit ihrer Lehre meine Leute zu sexueller Zügellosigkeit und zum Essen von Götzenopferfleisch.

21 Ich habe ihr Zeit gegeben, sich zu besinnen und umzukehren, aber umsonst. Sie weigert sich, ihre unmoralische Lebensweise aufzugeben.

22 Darum werfe ich sie jetzt aufs Krankenbett. Und die mit ihr Ehebruch begangen haben, lass ich in größte Not geraten – es sei denn, sie kommen zur Besinnung und wenden sich von dem ab, was die Frau tut.

23 Doch Isebels Kinder müssen sterben. Ich werde sie am Leben lassen. Daran werden alle Gemeinden erkennen, dass ich es bin, der Herz und Nieren prüft, und ich werde jeden nach seinen Taten richten, was sie verdienen.

24-25 Aber ihr andren in Thyatira, die dieser Lehre nicht angenommen haben und von dem, was die Leute die Tiefen Satans nennen. Euch sage ich: Halte fest, was ihr habt, bis ich komme.

26 Wer den Kampf besteht und so handelt, wie ich es will, werde ich Macht über die Völker geben.

27 Er wird sie mit eisernem Zepter beherrschen und sie zerschlagen, wie man Tongeschirr zerschlägt.

28 Ich verleihe ihm die Macht, wie auch ich sie von meinem Vater empfangen habe. Und als Zeichen dieser Macht werde ich ihm den Morgenstern geben.

29 Wer bereits ist zu hören, acht auf das, was der Geist den Gemeinden sagt.

- **Zusätze:**

  - Die ehemalige Gemeinde Thyatira liegt wie die anderen Orte der Sendschreiben im Westen der heutigen Türkei. Die Stadt war ein Handelszentrum für Purpurstoffe und Textilproduktion. Eine Frau, die mit diesen Stoffen handelte, war Lydia (Apg 16,14).

  - Das Lob ist nicht zu überhören, dann folgt der Tadel. Die Rede ist von der Frau Isebel. Sie war die Ehefrau des Königs Ahab (hebr אהאה) und war die Tochter des phönizischen Königs Etbaal. Ahab, wörtlich »Bruder des Vaters«, heiratete sie aus politischen und wirtschaftlichen Gründen. Ahab herrschte von 873 - 853, das sind zwanzig Jahre (siehe 1.Könige 16,29-34, 18.13). Israel erlebte eine Blütezeit. Dass eine Frau auf ihren Mann Einfluss hatte und hat, geht vom Altertum und reicht bis heutige Zeit (siehe 1.Könige 21,25).

- Matthäus 15,21: Von dort zog sich Jesus in das Gebiet von Tyrus und Sidon zurück. Das ist das heutige Libanon. Vormals herrschte dort der König Etbaal (siehe auch Mk 7,24).

- Das Ende Isebels wird in 2.Könige 9,37 beschrieben.

- Der Morgenstern, der am Ende von Vers 28 zu lesen ist, wird im Buch Hiob 38,6 erwähnt: »Als Morgensterne jubelten.« In Jesaja 14,12 wird der Morgenstern auf Nebukadnezar bezogen. Hier ist es der gefallene Morgenstern. Nach dem Bibellexikon ist der Morgenstern der erste und der letzte sichtbare vom Planet Venus. Man hat von Planeten Rat und Weisheit gesucht.

KAPITEL 3

AN DIE GEMEINDE IN SARDES

1 An den Engel in Sardes schreibe: Der bei den sieben Geister Gottes und der sieben Sterne in seiner der Hand hält, lässt der Gemeinde Folgendes sagen: ich kenne dein Tun und weiß, dass du im Ruf stehst, eine lebendige Gemeinde zu sein, aber in Wirklichkeit bis du tot.

2 Werde wach und stärke das, was noch am Leben ist, damit es nicht auch stirbt. Denn ich musste feststellen, dass das, was du tust, nicht vor meinem Gott bestehen kann.

3 Denke daran, wie du die Botschaft gehört und angenommen hast. Wenn du noch weiterhin schläfst, werde ich dich wie ein Dieb überraschen und zu einem Zeitpunkt kommen, an dem du damit nicht rechnest.

4 Doch es gibt bei euch einige, die ihre Klei-

der nicht beschmutzt haben. Sie werden einmal in weißen Festgewändern im Triumphzug neben mir hergehen; sie sind es wert.

5 Jedem, der siegreich aus dem Kampf hervorgeht, wird ein weißes Festgewand angelegt bekommen.. Und ich werde seinen Namen nicht aus dem Buch des Lebens streichen, sondern mich vor meinem Vater und seinen Engeln zu ihm bekennen.

6 Wer Ohren hat, der höre, was der Geist den Gemeinden sagt.

- **Zusätze:**

  - Es fällt auf, dass weder von Isebel noch von der Lehre der Nikolaiten die Rede ist. Auch fehlt die Bezeichnung vom Thron Satans und dem Essen von Götzenopferfleisch.

  - Sardes war die alte Hauptstadt Lydiens. Heute ist es ein Ruinenfeld. Die prächtige Synagoge, die aufgrund von Inschriften identifiziert wurde, ist wohl im 3. Jhr. n.Chr. erbaut und wurde um 400 erneuert. Sardes ist heute ein kleines Dorf, das den Namen Sart trägt.

  - Der Wohlstand von Sardes kam unter dem König Krösus zustande. Die Stadt betrieb Handel mit Wollwaren, Stoffen, Teppichen und sogar Gold wurde gefunden[BLM]. Deshalb spricht Johannes von weißen Kleidern. Nachfolgende Könige.

- Der Perserkönig Kores belagerte im Jahr 546 v.Chr. die Stadt, nahm sie bald ein, sie raubten den Reichtum der Stadt.

3.1 An die Gemeinde in Philadelphia

7 Schreibe an den Engel in Philadelphia: Der Heilige und Wahrhaftige, der den Schlüssel Davids hat, der öffnet, so dass niemand mehr schließen kann, und wenn er zuschließt, kann niemand öffnen, lässt der Gemeinde Folgendes sagen:

8 Ich kenne dein Tun. Du hast nur wenig Kraft, aber du hast dich nach meinem Wort gerichtet und hast dich nach meinem Wort gerichtet und dich zu meinem Namen bekannt.

9 Leute aus der Synagoge des Satans werden zu dir kommen und sich vor dir niederwerfen - Leute, die lügen, indem sie sich Juden nennen, obwohl sie das gar nicht sind. Sie sollen erkennen, wie sehr ich dich liebe.

10 Weil du an meiner Aufforderung gehalten hast, standhaft zu bleiben, werde ich zu dir halten und dich bewahren, wenn die große Versuchung über die Welt hereinbricht, jene Zeit, in der ganze Menschheit den Mächten der Verführung ausgesetzt sein wird.

11 Ich komme bald. Halte fest, was du hast. Lass dich von niemand um deinen Siegeskranz bringen.

12 Wer den Kampf besteht, den werde ich zu einer Säule im Tempel meines Gottes machen; er wird seinen Platz für immer behalten. Und auf seiner Stirn werde ich den Namen meines Gottes schreiben und den Namen der Stadt meines Gottes, das neue Jerusalem, das von ihm aus dem Himmel herabkommen wird, und mein eigener Name wird auf ihm geschrieben stehen.

13 Wer Ohren, der höre, was der Geist den Gemeinden sagt.

- **Zusätze:**

  - Die Gründung geht zurück auf den König Eumenes Das war um 2.Jhr. v.Chr. Die Stadt trägt in übertragener Bedeutung den Namen des Bruders Attalus. Er hat wegen seiner Loyalität zu seinem Bruder den Namen Philadelphos (Bruderliebe) erhalten.[BLM]

- in den Versen 7-8 wird von dem Schlüssel Davids gesprochen. Wenn er aufschließt, kann niemand mehr zuschließen; und wenn er zuschließt, kann niemand aufschließen. Die Textpassage beruht auf Jesaja 22,22. Dort heißt es:

> »Ich lege ihm den Schlüssel des Hauses David auf die Schulter. Wenn er öffnet, kann niemand schließen; wenn er schließt, kann niemand öffnen.« (Beachte auch Matthäus 16,19.)

> **Anmerkung:**
> Im 1. Jht. v.Chr. entwickelte man komplizierte Schlösser und Schlüssel, um Türen zu öffnen und zu verschließen. Ein flacher mit Zapfen und Löchern versehener Holzschlüssel wurde in ein Loch des Türpfostens eingeführt. Einige Stifte des Pfostens fielen in die entsprechenden Löcher des Riegels. Andererseits konnte man mit den Stiften an dem Schlüssel die Stifte am Pfosten auch wieder zurück drücken.

- Im Vers 9 wird von der Synagoge Satans gesprochen. Bereits in Kapitel 2,9 wur-

de sie erwähnt. Synagogen werden von
Juden besucht.[1]

3.2 An die Gemeinde in Laodizea

14 An den Engel in Laodizea schreibe: So
spricht Er, der Amen heißt, der treue und
wahrhaftige Zeuge, der Ursprung von allem, was Gott geschaffen hat, lässt der
Gemeinde Folgendes sagen:

15 Ich kenne dein Tun und weiß. Du bist
weder kalt noch heiß. Wärst du doch kalt
oder heiß.

16 Doch du bist lau, weder kalt noch heiß,
deshalb will ich dich aus meinem Mund
ausspucken.

17 Du sagst: Ich bin reich und wohlhabend
und nichts fehlt mir. Du weißt aber nicht,
dass gerade nicht, wie erbärmlich und
jämmerlich du dran bist: arm, nackt und
blind.

18 Ich rate ich dir: Kaufe von mir Gold, das

---

[1]Johannes betont stärker als Paulus, dass nur die christ-
liche Gemeinde „das Israel Gottes " (Gal 6,16) ist. Die
Juden, die Jesus als den Messias ablehnen und Christen anfeinden, sind nicht mehr „Gemeinde Gottes"
(Num 16,3 u. ö.), sondern eine Synagoge Satans.

im Feuer geläutert ist, damit du reich wirst und weiße Kleider, damit du etwas anzuziehen hast und man die Schande deiner Nacktheit nicht sieht; und kaufe Salbe für deine Augen, damit du sehen kannst.

19 Wen ich liebe, den weise ich zurecht und erziehe sie. Mach also Ernst und kehre um.

20 Ich stehe vor der Tür und klopfe an. Wer meine Stimme hört und die Tür öffnet, bei dem werde ich eintreten und wir werden miteinander essen – ich mit ihm und er mit mir.

21 Wer den Kampf besteht, mit mir auf dem Thron zu sitzen, so wie auch den Kampf bestanden und mit meinem Vater auf seinen Thron gesetzt habe.

22 Wer Ohren hat, der höre, was der Geist den Gemeinden sagt.

• **Zusätze:**

• Die Stadt wurde vom Seleukidenherrscher Antiochus II. im 3. Jh v.Chr. gegründet und nach seiner Frau Laodizea benannt. Der Ort lag im fruchtbaren Tal des Lykos, einem Nebenfluss des Mäander. Laodizea lag in der Nähe von Hierapolis und wurde durch die Bezeichnung »Laodizea am Lykos« von anderen Orten gleichen Namens bekannt.

- Es fehlte der Stadt an einer ständigen Trinkwasserversorgung. Das Wasser wurde südlich der Stadt herangeführt. Die Reste eines Aquädukts sind heute noch erkennbar (Löcher in den Steinen). Wegen der warmen und sonnigen Lage wurde das Wasser lauwarm zum Trinken angeboten.

- In Laodizea wurde bereits früh das Evangelium verkündet (siehe Kolosser 4,12-15).

- In der Stadt gab es einige Ärzte, besonders Augenärzte. Das Leiden wurde durch verschiedene Tinkturen, Salben und Kräuterumschläge gelindert. Der Seher Johannes meinte aber nicht das irdische, sondern das geistliche Auge, mit dem man erst richtig sehen kann.

- Von Laodizea sind heute nur noch Ruinen übrig. Die Stadt wurde vollständig zerstört. Wenn man nicht weiß, dass hier einst Laodizea stand, würde man achtlos daran vorbeigehen.

KAPITEL 4

DER THRON GOTTES

Die sieben Sendschreiben sind vorbei. In diesem Kapitel beginnt etwas Neues. Der Seher Johannes greift zurück auf alttestamentliche Reden. Das sind z.B. das 2.Buch Mose, die Bücher Jesaja, Hesekiel (Ezechiel), Joel und andere. Passagen daraus nimmt er und baut daraus ‚seine' Offenbarung (Apokalypse). Das vorliegende 4.Buch wird der Thron Gottes beschrieben.

1 Nach zurückliegenden Ereignissen beschreibt Johannes, dass eine Tür im Himmel geöffnet wurde. Er hörte die gleiche Stimme, die zuvor mit ihm gesprochen hatte und die wie eine Posaune klang (1,10), sie sagte zu mir: »Komm herauf. Ich werde dir zeigen, was nach den Dingen, noch kommen muss.«

2 Im gleichen Augenblick wurde ich vom Geist ergriffen. Ich sah einen Thron im

Himmel stehen und auf dem Thron saß jemand,

3 von dem ein Leuchten ausging wie von einem Diamanten und glühte wie ein roten Karneol. Über dem Thron leuchtete ein Regenbogen wie ein grüner Smaragd, umgab den Thron mit einem Glanz.

4 Rings um den Thron waren 24 andere Throne angeordnet. Darauf saßen 24 Älteste, die in weißen Gewändern gehüllt waren und goldene Kränze auf dem Haupt trugen.

5 Auf dem Thron in Mitte zuckten Blitze, bekleidet von Donnergrollen und Donnerschlägen. Vor dem Thron loderten sieben Fackeln - das sind die sieben Geister Gottes.

6 Die Fläche, die sich vor dem Thron ausdehnte, sah aus wie ein gläsernes Meer von kristallener Klarheit. So durchsichtig. Unmittelbar beim Thron, rings um ihn herum, standen vier lebendige Wesen, die vorn und hinten volle Augen hatten.

7 Das erste Wesen glich einem Löwen, das zweite einem jungen Stier, das dritte hatte ein Gesicht wie ein Mensch und das vierte sah aus wie ein fliegender Adler.

8 Jedes der vier Wesen hatte sechs Flügel,

die ebenfalls innen, außen und sogar unten mit Augen bedeckt waren. Tag und Nacht riefen die vier Wesen aufs Neue:

9   »Heilig, heilig, heilig ist Gott
       der Herr, der allmächtige
       Herrscher, der war, der ist
       und der kommt!«

10 Die 24 Älteste werfen sich vor den vier Wesen nieder und beten sie an – ihn, der auf dem Thron sitzt und in alle Ewigkeit lebt. Die 24 Älteste legen ihre Kronen und sprechen:

11 Würdig bist du, unser Herr und Gott, Herrlichkeit zu empfangen und Ehre und Macht. Denn du bist es, der die Welt erschaffen hat. Durch deinen Willen war sie und wurde sie erschaffen.

• **Zusätze:**

  • Mit den Versen 1–4 wird der Hohe Priester beschrieben. Di Aussage geht zurück auf 2.Mose 28, 17 ff. Das Ephod (Kleidungsstück) das Brustschild und das goldene Stirnblatt werden erwähnt.

  • Die geheimnisvollen vier Lebewesen weißen auf Hesekiel 1,5-28 hin. Dort wird die Herrlichkeit Jahwes beschrieben. Tiersymbole sind in der ganzen Welt bezeugt!

Löwe und Adler, Morgensterne, Sonnen-
symbole sind in Staatswappen bis heutige
Zeit gebräuchlich.

- Es ist nicht sicher, wer die 24 Älteste sind.
  Namen werden ja nicht genannt. Die ein-
  fachste Lösung wären 12 Älteste aus dem
  AT und 12 aus dem NT. Hingegen ist in
  1.Chronik 24,7-18 die Rede vom Loswurf
  von 24 Personen. Die genannten Personen
  sind weithin unbekannt. Die Babylonier
  kannten 12 Tierkreiszeichen.

- Blitze und Donner (siehe 2.Mose 19,16)
  werden in der Offenbarung mehrmals erwähnt. Auch Lobgesänge spielen eine Rolle.

KAPITEL 5

DAS BUCH MIT DEN SIEBEN SIEGELN

In diesem Kapitel wird ein Buch erwähnt, das vorn und hinten beschrieben und mit sieben Siegel verschlossen wurde.

1 Der, der auf dem Thron saß, hielt in seiner rechten Hand eine Buchrolle. Sie war innen und außen beschrieben und mit sieben Siegel versiegelt.

2 Dann sah einen mächtigen Engel, der mit lauter Stimme ausrief: »Wer ist würdig, das Buch zu öffnen. Wer hat das Recht, seine Siegel aufzubrechen?«

3 Aber im Himmel, noch auf der Erde selbst unter der Erde war keiner in der Lage, die Siegel zu brechen, um zu lesen, was darinnen stand. Darüber weinte ich sehr.

4 Doch einer der Ältesten sagte zu mir: »Weine nicht! Einer hat den Sieg errun-

gen – der Löwe aus dem Stamm Juda, der Spross, der aus dem Wurzelstock hervorwuchs. Er ist würdig, das Buch mit den sieben Siegel zu öffnen.«

6 Ich sah dann in der Mitte des Thron ein Lamm stehen, umgeben von vier lebendigen Wesen und den 24 Ältesten. Es sah aus wie ein Opfertier, das geschlachtet worden ist. Es hatte sieben Hörner und sieben Augen. Die sieben Augen sind die sieben Geister Gottes, die in die ganze Welt ausgesandt sind

7 Das Lamm trat vor den hin, der auf dem Thron saß und nahm das Buch aus seiner rechten Hand.

8 Als das geschah, warfen sich die vier lebendigen Wesen und die 24 Ältesten vor dem Lamm nieder und beteten es an. Jeder von den Ältesten hatte eine Harfe und hatten goldene Schalen, die gefüllt waren mit Weihrauch. Das sind die Gebete, der von Gott geheiligte Menschen.

9 Sie singen ein neues Lied, es lautete:

> »Würdig ist das Lamm und
> seine Siegel zu öffnen.
> Denn du wurdest als Opfer
> geschlachtet. Und mit
> deinem vergossenen Blut

hast du Menschen erkauft,
Menschen aus allem Stämmen
und Völkern, aus jeder
Sprache und Kultur. Du hast
freigekauft für unseren Gott
und sie zu Mitherrschern und
Priestern für ihn gemacht.
Sie werden auf der Erde
herrschen.«

11 Ich sah und hörte die Stimme von vielen Engeln, die rings um den Thron und
um die Lebewesen und die 24 Ältesten
standen.

12 Ein mächtiger Chor erklang:

»Würdig ist das Lamm,
das geopfert wurde, Macht
und Reichtum zu empfangen
Weisheit und Stärke, Ehre
Ruhm und Anbetung.«

13 Alle Geschöpfe im Himmel, auf der Erde,
unter der Erde und im Meer – alles, was
im Universum ist – hörte ich sprechen:
»Ihm, der auf dem Thron sitzt, und dem
Lamm.«

14 Die vier lebendigen Wesen antworteten:
»Amen.« Die Ältesten warfen sich nieder
und beteten an.

Abbildung 5.1 Einseitig beschriebene Torahrolle

- **Zusätze:**

  - Derjenige, der auf dem Thron saß, hielt eine Buchrolle in seiner rechten Hand. Es ist anzunehmen, dass der HERR wusste, was in der Buchrolle stand. Es wird eine hohe Dramatik geschildert.
  - Die doppelseitig beschriebene Buchrolle geht zurück auf Hesekiel 2,9.
  - Das Lamm, Jesus ist gemeint, hatte sieben Hörner und sieben Augen. Das entspricht der Fülle Gottes.
  - Vers 8 und 14 warfen sich die vier lebendigen Wesen (siehe Hesekiel 1.9) und die 24 Ältesten nieder, um das Lamm anzubeten. Die vier lebendige Wesen dürften fabelhafte Tierwesen sein.

KAPITEL 6

DAS ÖFFNEN DER ERSTEN SECHS SIEGEL

Nachdem im vorherigen Kapitel von der Öffnung der doppelseitigen Buchrolle geschrieben wurde, womit die sieben Siegel verschlossen wurden, ist es Jesus befugt, die Siegel zu brechen, die Buchrolle zu öffnen und zu lesen. Er gilt als das Lamm. Diese Bezeichnung wird oft wiederholt. Lämmer wurden schon frühzeitig als Opfertiere dargebracht. Das beschreibt 1.Mose 4,4, hier brachte Abel das Beste von den erstgeborenen Lämmer und ihrem Fett. Johannes beschreibt Jesus als das Lamm.

Die Öffnung der ersten sechs Siegel wird beschrieben. Das Öffnen des siebten Siegels erfolgt im achten Kapitel. Das dient zur Spannungserzeugung.

1 Ich sah, wie das Lamm das erste Siegel

öffnete. Dann rief das erste Lebewesen: Komm! Die Stimme war so laut, dass es wie ein Donnerhall klang.

2 Dann sah ich ein weißes Pferd und darauf saß ein Reiter, der einen Bogen in der Hand hielt. Dem Reiter wurde ein Siegeskranz gegeben. Triumphierend ritt er hinaus, um den Sieg zu erringen.

3 Als das Lamm das zweite Siegel öffnete, hörte ich das zweite Lebewesen sagen: Komm!

4 Wieder erschien ein Pferd, es war feuerrot. Seinem Reiter wurde ein großes Schwert gegeben, und er erhielt die Macht, den Frieden von der Erde wegzunehmen, so dass die Menschen sich gegenseitig hinschlachten würden.

5 Dann brach das Lamm das dritte Siegel auf, dann sprach das dritte Wesen: »Komm!« Diesmal sah ich ein schwarzes Pferd, dessen Reiter hielt eine Waage in der Hand.

6 Und eine Stimme, die von den vier lebendigen Wesen zu kommen schien, hörte ich rufen: »Ein Kilo Weizen zu einem vollen Tageslohn. Drei Kilo Gerste zu einem vollen Tageslohn. Aber Öl und Wein zum alten Preis.«

Abbildung 6.1 Die verschiedenfarbige Reiter, Hans
Memling

7 Als das Lamm das vierte Siegel öffnete,
hörte ich das vierte lebendige Wesen sagen: Komm!

8 Und wieder sah ich ein Pferd, diesmal
war es fahlgelb. Der Reiter, der darauf
saß, hieß „der Tod", und sein Gefolge war
das Totenreich. Ihnen wurde verheißen,
ein Viertel der Menschheit durch Krieg,
Hungersnot, Seuchen und wilde Tiere umkommen zu lassen.

9 Und ich sah: Das Lamm öffnete das fünfte Siegel. Da sah ich am Fuß des Alters
die Seelen derer, die umgebracht worden
waren, weil an Gottes Wort festgehalten
und sich zu Botschaft von Jesus bekannt
hatten.

10 Mit lauter Stimme riefen sie: Wie lange
zögerst du noch, Herr, du Heiliger und

Wahrhaftiger, Gericht zu halten und unser Blut an den Tätern zu rächen?

11 Daraufhin erhielten die Märtyrer weiße Gewänder, und es wurde ihnen gesagt, sie sollten noch eine bestimmte Zeit warten, bis die volle Zahl der Getöteten erreicht sei.

12 Als das Lamm das sechste Siegel öffnete, erschütterte ein gewaltiges Beben die Erde. Die Sonne wurde schwarz und glich einem Trauergewand, der Mond verfärbte sich blutrot.

13 Die Sterne des Himmels fielen herab auf die Erde wie vom Sturm geschüttelte Feigen.

14 Der Himmel verschwand wie eine Schriftrolle, die man zusammenrollt, und kein Berg und keine Insel blieb an ihre Stelle.

15 Da versteckten sich die Könige der Erde, die Herrscher und die Generäle, die Reiche und Mächtige, Sklaven und Freie, Kleine und Große in Höhlen und Felsspalten.

16 Sie sprachen zu Bergen und Felsen, als sie sprechen könnten, fallt über uns und verbergt uns vor den Blicken dessen, der auf dem Thron sitzt, und vor dem Zorn des Lammes.

17 Der furchtbare Tag des Zorns ist gekommen, wer kann da bestehen?

- **Zusätze:**

  - Bei den vier Ecken der Erde wird man
    die Erde als Scheibe aufgefasst haben.
    Entsprechend stehen die vier Ecken der
    Erde auch für vier Winde. Warum aber sie
    keinen Schaden anrichten konnten, kann
    als stilistisches Hilfsmittel gelten.
  - Der Reiter des schwarzen Pferdes steht für
    Teuerung. Nur Öl und Wein sind davon
    ausgenommen.
  - Mit Vers 8 enden die Erzählung der vier
    fabelhaften Tierwesen.
  - Im Vers 9 wird von Märtyrern gesprochen.

  - **Sacharja 1,8:**
    »In dieser Nacht hatte ich eine Vision: Ich
    sah einen Mann auf einem roten Pferd.
    Er stand zwischen den Myrtenbäumen
    in der Tiefe und hinter ihm waren rote,
    fuchsige und weiße Pferde zu erkennen.«
  - Vers 12: **Joël 3,4:**
    »Die Sonne wird sich in Finsternis verwan-
    deln und der Mond in Blut, ehe der Tag
    des Herrn kommt, der schreckliche Tag.«

KAPITEL 7

DIE VERSIEGELUNG DER STÄMME ISRAELS

1 Danach sah ich vier Engel an den äußersten Enden der Erde stehen. Sie hielten die vier Sturminde zurück, die aus allen vier Himmelsrichtungen über Land und Meer hereinzubrechen drohten. Auch Bäume konnten entwurzelt werden.

2 Dann sah ich von Osten einen anderen Engel heraufsteigen. Er hielt das Siegel des lebendigen Gottes in der Hand und rief den vier Engeln, die die Macht bekommen hatten, auf dem Land und auf dem Meer keinen Schaden anzurichten, mit lauter Stimme zu:

3 Verwüstet weder das Land noch das Meer und richtet auch den Bäumen keinen Schaden an. Erst müssen wir denen , die unserem Gott dienen, sein Siegel auf die

Stirn drücken.

4 Ich hörte, wie viele Menschen das Siegel bekamen. Es waren 144.000 aus allen
Stämmen Israels:

5 zwölftausend aus Juda
zwölftausend aus Ruben
zwölftausend aus Gad

6 zwölftausend aus Ascher
zwölftausend aus Naftali
zwölftausend aus Manasse

7 zwölftausend aus Simeon
zwölftausend aus Levi
zwölftausend aus Issaschar

8 zwölftausend aus Sebulon
zwölftausend aus Josef
und zwölftausend aus Benjamin

Menschenmenge vor dem Thron

9 Danach sah ich eine riesige Menschenmenge aus allen Stämmen und Völkern,
Menschen aus allen Sprachen und Kulturen. Es waren so viele, dass niemand
sie zählen konnte. Sie waren in weiße
Kleider gehüllt und hatten Palmzweige in
den Händen,

10 sie riefen mit lauter Stimme und von dem

Lamm: »Das Heil kommt von unserem
Gott, der auf dem Thron sitzt und von
dem Lamm!«

11 Und alle Engel, die vier mächtigen Wesen
und die Ältesten, die um den Thron herum
standen, warfen sich nieder und beteten
Gott an.

12 »Amen«, sagten sie.

> Anbetung, Ehre und Dank,
> Herrlichkeit und Weisheit,
> Macht und Stärke gehören
> ihm ,unserem Gott,
> für immer und ewig
> Amen.

13 Da fragte mich einer der Ältesten, wer
sind diese, die weiße Gewänder tragen
und woher kommen sie?

14 Sag du es mir, mein Herr, du musst es
wissen. Und er sagte zu mir, es sind die,
die durch die große Trübsal gegangen
sind, die es je gegeben hat. Sie tragen
weiße Gewänder; denn sie wurden im
Blut des Lammes rein gewaschen.

15 Darum stehen sie jetzt vor Gottes Thron
und dienen ihm bei Tag und Nacht in
seinem Tempel, und der auf dem Thron
sitzt, wird sein Zelt über sie aufschlagen.

16 Sie werden Hunger und kein Durst mehr

leiden und weder Sonnenglut noch irgendeine sengende Gluthitze auf ihnen lasten.

17 Denn das Lamm in der Mitte vor dem Thron wird zu den Quellen führen, aus den Wasser des Lebens strömt. Gott wir alle Tränen von ihren Augen abwischen.

- **Zusätze:**

  - **Sacharja 6,5:**
    »Der Engel gab mir zur Antwort: Das sind die vier Winde des Himmels, die vor dem Herrn der ganzen Erde standen und nun losstürmen.« Sie sollen aber nicht losstürmen, sondern sollen festgehalten werden.
  - Die 144.000 aus den Stämmen Israels symbolisiert eine unbegrenzte Zahl. Die Zahl gilt als Erinnerung – oder als Multiplikator von 12 x 12 x 1.000.
  - Palmzweige werden in 1.Makkabäer 13,51 und in Johannes 12,13 erwähnt.
  - In diesem Abschnitt werden wieder Engel, Throne, Lamm, Tempel und Gewänder mit Namen genannt.

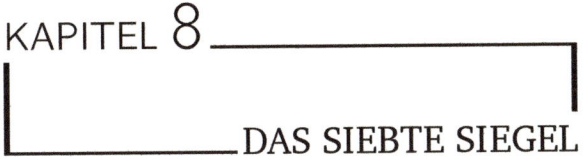

KAPITEL 8

DAS SIEBTE SIEGEL

Das Öffnen des letzten Siegel wird in den ersten zwei Versen nur kurz erwähnt. Dann passiert etwas Neues. Sieben Engel erhalten je eine Posaune (Widderhorn), um Gericht zu halten. In diesem achten Kapitel werden aber nur vier Posaunen geblasen. Im neunten Kapitel folgen die Posaunen vier und fünf. Auch hier soll Spannung aufgebaut werden. Vielleicht haben mehrere Geistliche, Propheten, Schriftkundige an dem Buch mitgearbeitet.

Abbildung 8.1 Shofar, Widderhorn, (Shofer-16-Zachi-Evenor)

1 Als das Lamm das siebte Siegel öffnete,
war es im Himmel eine halbe Stunde völlig still.

2 Dann sah ich die sieben Engel, die vor Gott
stehen, um ihm zu dienen; ich sah, wie
jedem von ihnen eine Posaune gegeben
wurde.

3 Ein weiterer Engel, der ein goldenes Räuchergefäß trug, trat vor den Altar. Sein
Auftrag war, den Weihrauch mit den Ge-
beten der Heiligen vor Gott zu bringen.

4 So stiegen die Gebete der Heiligen mit
dem Duft das Weihrauchs zu Gott empor.

5 Anschließend nahm der besagte Engel
das Räuchergefäß, füllte es mit glühen-
den Kohlen und schleuderte es auf die
Erde. Daraufhin waren Donnerschläge
und Blitze zu hören und zu sehen. Die
Erde bebte.

6 Nun machten sich die sieben Engel bereit,
ihre Posaunen zu blasen.

7 Nachdem der Engel seine erste Posaune
(Widderhorn) geblasen hatte, prasselten
Hagel und Feuer, vermischt mit Blut auf
die Erde nieder.

8 Der zweite Engel blies seine Posaune. Da
stürzte etwas ins Meer, was wie ein riesiger brennender Berg. Ein Drittel des

Meers wurde zu Blut.

9 Ein Drittel aller Lebewesen im Meer starb und ein Drittel aller Schiffe wurden zerstört.

10 Nachdem der dritte Engel die Posaune geblasen hatte, stürzte ein großer Stern vom Firmament herab, der wie eine Fackel brannte. Er fiel auf ein Drittel aller Flüsse und auf Ihre Quellen.

11 Der Stern hieß Wermut und machte ein Drittel als Süßwasser bitter. Viele Menschen starben an verseuchten Wasser.

12 Der vierte Engel blies seine Posaune. Diesmal traf es den dritten Teil der Sonne, den dritten Teil des Mondes, den dritten Teil der Sterne, all dies verlor ihre Helligkeit. Am dritten des Tages und der Nacht schien kein Licht mehr.

13 Hierauf sah ich einen Adler, der hoch oben am Firmament flog, ich hörte ihn mit lauter Stimme rufen: »Weh denen, die auf der Erde leben. Weh ihnen, wenn die letzten drei Engel ihre Posaunen blasen. Weh ihnen, dann werden noch furchtbarere Dinge geschehen.« Wehe ihnen.

- **Zusätze:**

    - Engel pflegen nicht zu sprechen und werden auch keine Posaunen blasen.

- Halbe Stunde: Im Buch Daniel 7,25 wird von »zwei Zeiten und eine halben« gesprochen. In Vers 26 heißt es dann: »Es wird Gericht gehalten«.

- Die Bezeichnung „den dritten Teil..." dient nicht als Berechnungsrundlage, sondern soll als Drohkulisse aufgebaut werden (siehe Auszug aus Ägypten: 2.Mose 9, 22-25).

- 1.Makk 10,30: »Von heute an verzichte ich für immer auf den dritten Teil der Erträge der Felder und auf die Hälfte der Erträge der Bäume, die mir aus Judäa zustehen sowie aus den drei Bezirken Samariens und Galiläas, die an Judäa angeschlossen worden sind.«

- 3.Mose 16,12: »Dann soll er eine Räucherpfanne voll glühender Kohlen vom Altar, der vor dem Herrn steht, und zwei Hand voll zerstoßenen duftenden Räucherwerks zu nehmen. Er soll alles hinter den Vorhang bringen.«

- Ezechiel 5,2: »Ein Drittel verbrenne mitten in der Stadt, wenn die Tage ihrer Belagerung zu Ende sind. Ein anderes Drittel zerhau mit dem Schwert in der Umgebung der Stadt! Das letzte Drittel streu in den Wind! Ich will hinter ihnen das Schwert zücken.«

- Ezechiel 5,12: »Ein Drittel deiner Einwohner wird an der Pest sterben und durch den Hunger in der Stadt zugrunde gehen. Ein anderes Drittel wird vor deinen Mauern durch das Schwert umkommen. Das letzte Drittel werde ich in alle Winde zerstreuen und ich werde hinter ihnen das Schwert zücken.«

Drittel, Drittel und Drittel

- Kap. 8,7 Ein Drittel des Landes, Bäumen und alles Gras verbrannte
- Kap. 8,8 Ein Drittel des Meeres wird zu Blut
- Kap. 8,8 Ein Drittel der Meerestiere und der Schiffe werden vernichtet
- Kap. 8,10 Ein Drittel der Flüsse und Quellen wird vernichtet
- Kap. 8,11 Ein Drittel des Wassers wird bitter
- Kap. 8,12 Ein Drittel der Sonne und des Mondes verliert die Leuchtkraft
- Kap. 9,15,18 Ein und zwei Drittel der Menschheit wird durch Plagen und einem gewaltigen Reiterheer getötet

KAPITEL 9

DIE FÜNFTE POSAUNE

In diesem Kapitel wird eine Heuschreckenplage beschrieben. Die Heuschrecken erinnern an Skorpione. Sie pflegen ebenfalls zu stechen.

1 Nachdem der fünfte Engel geblasen hatte, sah ich ein Stern, der von oben auf die Erde stürzte. Diesem Stern wurde der Schlüssel zum Schacht gegeben, der zum Abgrund hinunterführt.

2 Als er den Schacht zum Abgrund öffnete, quoll Rauch heraus wie von einem riesigen Feuerofen und erfüllte die Luft, sogar die Sonne wurde verdunkelt.

3 Aus dem Rauch kamen Heuschrecken hervor, denen die Fähigkeit gegeben war, wie Skorpione zu stechen. Sie schwärmten über die ganze Erde aus.

4 Doch es wurde ihnen verboten, das Gras abzufressen oder den Bäumen oder an-

deren Pflanzen irgendwelchen Schaden anzurichten. Sie durften nur Menschen angreifen und zwar solchen, die nicht das Siegel Gottes auf ihrer Stirn trugen.

5 Töten durften die Heuschrecken zwar nicht, aber sie durften fünf Monate lang qualvolle Schmerzen zuzufügen. Die Menschen würden unerträgliche Schmerzen erleiden – ähnlich wie einen Stich durch eines Skorpions.

6 Während dieser Zeit werden Menschen den Tod suchen, aber nicht finden. Sie werden sich danach sehen zu sterben, aber der Tod wird vor ihnen fliehen.

7 Die Heuschrecken sahen aus wie Pferde, die in die Schlacht ziehen; auf ihren Köpfen tragen sie etwas, das wie ein goldener Kranz aussah, und ihre Gesichter glichen denen von Menschen.

8 Die Schweife glichen Frauenhaaren und hatten Zähne wie eines Löwen.

9 Ihr Rumpf war wie mit Stahl gepanzert, und ihre Flügel machten einen Lärm, als würde eine ganzes Heer von Reitern und Streitwagen in den Kampf ziehen.

10 Sie haben Schwänze und Stacheln wie Skorpione und in ihren Schwänzen ist eine Kraft, mit der sie den Menschen Scha-

den zufügen - fünf Monate lang.

11 Der König, der zum Schacht des Abgrunds
    führt, heißt auf hebräisch Abaddon und
    auf griechisch Apollyon.

Christian and Apollyon.

CHRISTIAN'S COMBAT WITH APOLLYON

Abbildung 9.1 Gott der Unterwelt Apollyon

- **Zusätze:**

  - Der Schlüssel zum Abgrund, zum Schacht,
    ist im übertragenen Sinn der Eintritt in
    das Totenreich. Es quoll Rauch heraus.
    Nach Exodus 19,18 heißt es:
    »Der ganze Sinai war in Rauch gehüllt,
    denn der Herr war im Feuer auf ihn her-
    abgestiegen. Der Rauch stieg vom Berg

auf wie Rauch aus einem Schmelzofen. Der ganze Berg bebte gewaltig.«

- Der Begriff „Heuschrecken" besteht aus zwei Silben. Es geht auf das alte Wort ‹hewiscrecko› zurück. Schrecken = aufspringen. Auch die Bezeichnung Grille oder Grashüpfer ist geläufig. Gespensterschreck besagt Gespenst und Schreck und drückt Unheilvolles aus. [Wik]

Abbildung 9.2 Der Skorpion

- Der Vorgang der Heuschreckenplage erinnert an 2.Mose 10,1 ff.) d.h. an den Auszug des Volks Israel aus Ägypten.
- Skorpione stechen, sie sollen aber nicht tödlich sein, sollen Schmerzen zufügen. Allerdings spielt das heute keine Rolle.

- Wenn die Sonne verdunkelt wurde, erinnert das an Kapitel 8,12 wo bereits ein Drittel der Sonne ihren Schein verlor. Jetzt hat sie keinen Schein mehr, daher konnte kein Gras wachsen.
- Das Erleiden der Schmerzen soll fünf Monate lang dauern. (Nach Eduard Lohse soll das Lebensalter einer Heuschrecke fünf Monate leben.) Der Wert wird im Vers 10 wiederholt.
- Diejenigen die den Tod suchen, finden ihn aber nicht (Hiob 3,21).

9.1 Die sechste Posaune

13 Als der sechste Engel sein Widderhorn geblasen hatte, hörte ich eine Stimme, die von den vier Hörnern des goldenen Altars kam, der vor dem Thron des Höchsten steht.

14 Die Stimme befahl dem Engel: »Binde die vier Engel los, die am großen Strom Euphrat in Fesseln liegen.«

15 Da wurden die vier Engeln von ihren Fesseln befreit, auf Jahr, Monat, Tag und Stunde genau waren sie für diesen Zeitpunkt bereit gehalten worden, um ein Drittel der Menschheit zu töten.

16 Die losgebundenen vier Engel stehen für das Heer von 200.000 Millionen Reitern. Die Zahl wurde mir ausdrücklich mitgeteilt.

17 Und dann sah ich in meiner Vision, Reiter und Pferde trugen verschiedenfarbige Brustpanzer; sie waren feuerrot, violett und schwefelgelb. Die Pferde hatten Köpfe, die wie Löwenköpfe aussahen, und aus ihren Mäulern schossen Feuer, Rauch und Schwefel hervor.

18 Mit diesen Waffen töteten sie ein Drittel der Menschheit.

19 Die tödliche Macht der Pferde war in ihren Mäulern und in ihren Schwänzen. Ihre Schwänze glichen Schlangen und haben Köpfe, mit denen sie großen Schaden anrichten können.

20 Das eine Drittel der Menschheit, die diese Plagen überlebt haben, waren nicht zur Umkehr bereit. Sie hörten nicht auf, Dämonen anzubeten und sich vor Götzenbildern aus Gold, Silber, Bronze, Stein und Holz niederzuwerfen, die sie mit eigenen Händen gemacht hatten und die weder sehen noch hören noch gehen können.

21 Statt umzukehren, mordeten sie weiter, übten okkulte Praktiken aus, lebten in

sexueller Ausschweifung und sogar Dieb-
stahl praktizieren sie.

- **Zusätze:**

  - Die vier Hörner sind das obere Teil der
    Bundeslade. Hier stehen sie sinnbildlich
    für den Altar Gottes, der im Himmel steht.

Abbildung 9.3 Die Bundeslade

  a Die vier gebunden Engel stehen für das
    Heer von 200 Millionen Reiter. Hier ist
    das Römische Reich gemeint.
  b Ein Drittel der Menschheit soll getötet
    werden. Ist der Vers 15 und der Vers 18
    eine Doppeldeutung oder sind es zwei
    verschiedene Aussagen? Es bleibt noch
    ein Drittel der Menschheit übrig.
  - Die Punkte a und b sind nicht wortwört-
    lich zu nehmen. Es wird wird lediglich
    eine Drohkulisse aufgebaut.

- Johannes erweitert seine Darstellung. Nicht die Mäuler sind das Entscheidende, sondern die Schwänze. Sind es wieder Skorpione, die mit ihren Schwänzen schmerzhafte Schäden zufügten? Diesmal sind es die Pferde, deren Schwänze Schlangen glichen. Diese schlangenartigen Gebilde griffen mit ihren Köpfen Menschen an.

- Götterbilder aus Gold, Silber, Bronze: In 2.Mose 32 1-6 wird eine ähnliche Situation beschrieben. Das goldene Kalb wird geschaffen. Der Levit Aaron hat aus dem gesammeltem Gold einen Götzen geschaffen. Er soll angebetet werden, weil Mose noch auf dem Berg weilte.

KAPITEL 10

DER ENGEL MIT DEM KLEINEN BUCH

1 Dann sah ich einen anderen mächtigen Engel, der aus dem Himmel herabkam. Der Engel war in eine Wolke umhüllt und über seinem Kopf stand ein Regenbogen, sein Gesicht leuchtete wie die Sonne und seine Beine sahen wie Säulen aus Feuer.

2 Er hielt eine kleine geöffnete Buchrolle in der Hand. Er setzte seinen rechten Fuß auf das Meer und seinen linken auf das Festland.

3 Mit einer gewaltigen Stimme, die wie das Brüllen eines Löwen glich und laut krachend antworteten ihm sieben Donnerschläge.

4 Als es wieder still geworden war, wollte ich aufschreiben, was die sieben Donner gesagt hatten. Doch da hörte ich eine

Stimme aus dem Himmel. Betrachte das, was die sieben Donner gesagt hatten, als versiegelt, schreibe es nicht auf.

5 Der Engel, den ich auf dem Meer und dem Festland stehen sah, hob seine rechte zum Himmel

6 und sagte: Ich schwöre bei dem, der in alle Ewigkeit lebt und der alles erschaffen hat, nämlich den Himmel und alles, was im Himmeln ist, das Meer und alles, was im Meer ist. Ich schwöre, dass es keinen Aufschub mehr geben wird.'

7 Denn wenn der siebte Engel seine Posaune geblasen hat, wird Gottes geheimer Plan zur Vollendung kommen, so wie er seinen Dienern, den Propheten, als gute Botschaft verkündigt hat.

8 Dann sprach die Stimme mich noch einmal an. Sie sagte: »Geh zum Engel auf dem Meer und auf dem Land und lass dir die offene Schriftrolle geben, die er in seiner Hand hält.«

9 Als ich den Engel bat, mir die Schriftrolle zu geben, sagte er: »Nimm sie und iss sie.«

10 Ich aß sie auf. Wirklich, sie war so süß wie Honig. Aber als ich sie hinunterschluckte, entwickelte sie eine Bitterkeit, mein

Magen krampfte sich zusammen.

11 Danach wurde mir gesagt: »Du musst noch mehr prophetische Worte verkündigen, über zahlreiche Völker, über Menschen verschiedener Sprachen und Kulturen und über viele Könige.«

- **Zusätze:**

  - Der Seher weilt nicht mehr im Himmel; er ist auf der Erde angekommen. (Da war er ja schon immer.)
  - Da aber die Sonne ihren Schein verloren hatte (Kapitel 8,12), konnte das Gesicht des Engels nur noch gering leuchten. Vers 8: Wie der Anblick des Regenbogens, der sich an einem Regentag in den Wolken zeigte, so war der helle Schein ringsum. So wird die Herrlichkeit des Herrn beschrieben. Als ich diese Erscheinung sah, fiel ich nieder auf mein Gesicht. Und ich hörte, wie jemand redete.
  - Was die sieben Donner gesagt hatten, wird nicht gesagt. Sie konnten ja nicht sprechen. Daniel 12,4: »Du, Daniel, halte diese Worte geheim und versiegle das Buch bis zur Zeit des Endes! Viele werden nachforschen und die Erkenntnis wird groß sein.«

- Regenbogen: Ezechiel 28,26: »Wie der Anblick des Regenbogens, der sich an einem Regentag in den Wolken zeigt, so war der helle Schein ringsum. So sah die Herrlichkeit des Herrn aus. Als ich diese Erscheinung sah, fiel ich nieder auf mein Gesicht. Und ich hörte, wie jemand redete.«

- Der Engel, der seine rechten Fuß auf das Meer und den linken auf das Land setzte, wird zu einem Tier aus dem Meer umgestaltet, das weitere Tier stammt von der Erde. Das Tier aus dem Meer ist das Alphatier.

- Die Buchrolle, die Johannes aß, geht zurück auf Hesekiel 3,1-15. Dort aß der Prophet Ezechiel eine kleine Buchrolle. Sie war süß wie Honig in seinem Mund. Als er aber die Botschaft an die Verschleppten bringen wollte, war sein Herz bitter.

- Der Prophet soll sich vom Tier aus dem Meer das Büchlein geben lassen. Vom Satan?

KAPITEL 11

DIE VERMESSUNG DES TEMPELS

1 Dann wurde mir eine Art Stab aus Schilf-
rohr gegeben, wie man ihn zum Messen
verwendet. Und jemand sagte, gehe hin
und miss den Tempel Gottes aus, auch
den Altar, sagte eine Stimme zu mir und
zähl die Menschen, die im Tempel anbeten.

2 Den äußeren Vorhof des Tempels lass
beim Messen außen vor, denn er ist den
nichtjüdischen Völkern preisgegeben. Sie
werden die heilige Stadt 42 Monate lang
besetzt halten.

Die beiden Zeugen

3 Und ich will meinen zwei Zeugen auf-
tragen, im Bußgewand aufzutreten und
prophetisch zu reden, zwölfhundertsechzig Tage lang.

4 Sie sind die zwei Ölbäume und die zwei Leuchter, die vor dem Herrn der Erde stehen.

5 Wenn ihnen jemand Schaden zufügen will, schlägt Feuer aus ihrem Mund und vernichtet die Feinde.

6 Sie haben die Macht, den Himmel zu verschließen, so dass kein Regen fällt in den Tagen ihres Wirkens als Propheten. Sie haben die Macht, Wasser in Blut zu verwandeln und die Erde zu schlagen mit allen möglichen Plagen.

7 Wenn sie ihren Auftrag als Zeugen erfüllt haben, wird das Tier aus dem Abgrund kommen und gegen die beiden Zeugen kämpfen. Es wird sie besiegen und töten.

8 Ihre Leichen wird man auf offener Straße mitten in der großen Stadt liegen lassen, in der Stadt, in der auch ihr Herr gekreuzigt wurde und die, geistlich gesprochen, für Sodom oder für Ägypten steht.

9 Während dreieinhalb Tagen werden sich Menschen aus den verschiedensten Völkern und Stämmen, Menschen unterschiedlichster Sprache und Kultur am Anblick der beiden Toten weiden, und man wir es niemand erlauben, sie zu bestatten.

10 Überall auf der Welt werden die Men-

schen jubeln und Freudenfeste feiern und sich gegenseitig Geschenke senden, denn diese beiden Propheten hatten ihnen das Leben zur Qual gemacht.

11 Überall auf der Welt werden die Menschen jubeln und Freudenfeste feiern und sich gegenseitig Geschenke senden, denn diese beiden Propheten hatten ihnen das Leben zur Qual gemacht.

11 Doch nach den dreieinhalb Tagen wird der Lebenshauch Gottes in sie zurückkehren, und zum größten Entsetzen aller, die das miterleben, werden sie plötzlich wieder lebendig werden und aufstehen.

12 Aus dem Himmel werden sie eine mächtige Stimme hören, die ihnen zuruft: »Kommt hier herauf!« Daraufhin werden sie vor den Augen ihrer Feinde in einer Wolke in den Himmel emporgehoben werden.

13 Im selben Augenblick wird ein heftiges Erdbeben die Stadt erschüttern. Ein Zehntel der Gebäude wird einstürzen, und siebentausend Menschen werden den Tod finden. Zutiefst erschrocken werden dann die Überlebenden dem Gott, der im Himmel thront, die Ehre erweisen, die ihm gebührt.

14 Das zweite Unheil, das der Wehruf angekündigt hat, ist vorüber; doch das dritte
steht unmittelbar bevor.

Die siebte Posaune

15 Nun blies der siebte Engel seine Posaune.
Daraufhin erklang im Himmel ein mächtiger, vielstimmiger Jubelgesang: »Jetzt
gehört die Herrschaft über die Welt endgültig unserem Herrn und dem, den er
als König eingesetzt hat -- Christus. Ja,
´unser Herr‘ wird für immer und ewig
regieren.«

16 Die vierundzwanzig Ältesten, die vor Gott
auf ihren Thronen saßen, warfen sich vor
ihm nieder und beteten ihn an.

17 Sie riefen: »Herr und Gott, du allmäch-
tiger Herrscher, der du bist und der du
warst, dir gilt unser Dank! Denn nun hast
du deine große Macht unter Beweis ge-
stellt.«

18 Die Völker hatten sich im Zorn gegen
dich erhoben, aber jetzt entlädt sich dein
Zorn über sie. Die Zeit ist gekommen, wo
über die Toten Gericht gehalten wird und
wo deine Diener, die Propheten, ihren
Lohn erhalten und mit ihnen alle, die zu
deinem heiligen Volk gehören und sich

dir in Ehrfurcht unterstellen, Kleine und
Große. Aber die, die die Erde zugrunde
richten, werden nun selbst zugrunde gerichtet werden.

19 Dann öffnete sich der Tempel Gottes im
Himmel und die Bundeslade, die im Tempel steht, wurde sichtbar gezeichnet. Blitze zucken auf, begleitet von Donnergrollen und Donnerschlägen, die Erde bebte,
und ein furchtbarer Hagelsturm ging über
die Erde nieder.

* **Zusätze:**

  * Im Buch Hesekiel (Ezechiel 40,3 ff) ist
    von einem Mann die Rede, der aussah, als
    sei er aus Bronze. Er gab dem Prophet
    eine Messschnur in die Hand.
  * Die Heiden aus allen Stämmen und Spra-
    chen werden die Heilige Stadt, das himm-
    lische Jerusalem innerhalb von 42 Mona-
    ten zertreten.
  * Sacharja 2,5-6: »Danach blickte ich hin
    und sah: Da war ein Mann mit einer Mess-
    schnur in der Hand. Ich fragte: Wohin
    gehst du? Er antwortete mir: Ich gehe
    hin, um Jerusalem auszumessen und zu
    sehen, wie breit und wie lang es sein
    wird.«

- Nach allgemeiner Auffassung sind die zwei Zeugen, die im Bußgewand auftreten, Mose und Elia. Hierfür spricht die Redewendung: »Zwei Ölbäume und zwei Leuchter.«

- Sacharja 4,11-14: **»Ich fragte ihn weiter, was bedeuten die zwei Ölbäume auf der rechten und auf der linken Seite des Leuchters? Und weiter fragte ich ihn: Was bedeuten die zwei Büschel von Olivenzweigen bei den beiden goldenen Röhren, durch die das goldene Öl herabfließt? Er sagte zu mir: Weißt du nicht, was sie bedeuten? Ich erwiderte: Nein, Herr. Er sagte: Das sind die beiden Gesalbten, die vor dem Herrn der ganzen Erde stehen.«**

- Es fällt kein Regen: 2.Mose 9,33; Wasser wird zu Blut = 2. Mose 7,17 ff

- Das Tier aus dem Abgrund ist der Gott der Unterwelt (siehe Kapitel 9,11) .

- 42 Monate = 3 1/2 Jahre = 1260 Tage
- 42 Monate; Kapitel 11,2
- 3,1/2 Jahre = eine Zeit, zwei Zeiten und eine halbe Zeit: Kapitel 12,14
- 1260 Tage; Kapitel 11,3; 12,6
- 3,5 Tage; Kapitel 11,9+11

Abbildung 11.1 Zwei Ölbäume mit je sieben Leuchter, in der Mitte der Tempel Gottes

Der Sinn des Kapitels ist nicht einfach zu
verstehen. Durch rein religiös verursachte Sinnbilder sind die Aufgaben der Welt nicht lösbar.

KAPITEL 12

DIE FRAU UND DER DRACHE

1 Dann erschien ein großes Zeichen am Himmel: eine Frau, mit der Sonne bekleidet; der Mond war unter ihren Füßen und ein Kranz von zwölf Sternen auf ihrem Haupt.

2 Sie war schwanger und schrie vor Schmerzen in ihren Geburtswehen.

3 Ein anderes Zeichen erschien am Himmel: ein Drache, groß und feuerrot, mit sieben Köpfen und zehn Hörnern und mit sieben Diademen auf seinen Köpfen.

4 Sein Schwanz fegte ein Drittel der Sterne vom Himmel und warf sie auf die Erde herab. Der Drache stand vor der Frau, die gebären sollte; er wollte ihr Kind verschlingen, sobald es geboren war.

5 Und sie gebar ein Kind, einen Sohn, der über alle Völker mit eisernem Zepter herr-

schen wird. Und ihr Kind wurde zu Gott
und zu seinem Thron hinaufgenommen.

6 Die Frau aber floh in die Wüste, wo Gott
ihr einen Zufluchtsort geschaffen hatte;
dort wird man sie mit Nahrung versorgen,
zwölfhundertsechzig Tage lang.

Der Sturz des Drachen

7 Da entbrannte im Himmel ein Kampf;
Michael und seine Engel erhoben sich,
um mit dem Drachen zu kämpfen. Der
Drache und seine Engel kämpften,

8 aber sie konnten sich nicht halten und sie
verloren ihren Platz im Himmel.

9 Er wurde gestürzt, der große Drache, die
alte Schlange, die Teufel oder Satan heißt
und die ganze Welt verführt; der Drache
wurde auf die Erde gestürzt und mit ihm
wurden seine Engel hinabgeworfen.

10 Da hörte ich eine laute Stimme im Himmel rufen: Jetzt ist er da, der rettende
Sieg, die Macht und die Herrschaft un-
seres Gottes und die Vollmacht seines
Gesalbten; denn gestürzt wurde der An-
kläger unserer Brüder, der sie bei Tag und
bei Nacht vor unserem Gott verklagte.

11 Sie haben ihn besiegt durch das Blut des
Lammes und durch ihr Wort und Zeugnis;

sie hielten ihr Leben nicht fest, bis hinein in den Tod.

12 Darum jubelt, ihr Himmel und alle, die darin wohnen. Weh aber euch, Land und Meer! Denn der Teufel ist zu euch hinab gekommen; seine Wut ist groß, weil er weiß, dass ihm nur noch eine kurze Frist bleibt.

• Zusätze:

Der Drache gehört zur Mythologie fast aller Völker. Er ist ein Mischwesen aus Schlange, Reptil und Raubtier. Er ist auch ist feuerroter Drache. Dem Namen nach könnte er auch Feuer spucken. Das Tier hatte sieben Köpfe und zehn Hörner. Er trug sieben Diademe auf dem Kopf. (Diademe dienen als Zeichen der königlichen Würde.) Das Wesen dürfte aus der mythologischen Welt stammen, wenn auch die sieben Köpfe und die sieben Diademe an die Stadt Rom erinnern. (Rom wurde auf sieben Hügeln erbaut.) Eine Krone aus Diademen könnte der Kaiser Nero getragen haben. Eine weitere Symbolik besteht darin, dass auf jedem der sieben Köpfe jeweils eine Krone war. Er ist auch das Sinnbild Satans und des Chaos. Sie sind die Gegenspieler Gottes.

• In dem zwölf Vers kleinen Artikel wird

eine Frau beschrieben, die schwanger war und einen Sohn gebären sollte.

- Dann betritt ein Drache, die alte Schlange, der Satan und Teufel in Erscheinung. Er wollte den Sohn verschlingen. Er war im Himmel wurde vom Prophet und gleichzeitig Engelsfürst mit Namen Michael auf die Erde geworfen. Dabei fegte der Drache ein Drittel der Sterne vom Himmel. Der Prophet Michael wird im Buch Daniel mehrmals erwähnt (10,13; 10,21; 12,1).

Abbildung 12.1 Die Frau und der Drache

- Die Frau floh in die Wüste, wobei sie zwölfhundertsechzig Tage lang versorgt wurde.

- Wie der Skorpion nach hinten schlägt, so arbeitet auch der Drache. In diesem Abschnitt kämpft der Drache gegen die Frau und das Kind. Es dürfte sich dabei um Maria, die Mutter von Jesus handeln.
- Wie der Drache in 12,3 und 12,9 der Teufel ist, so ist auch die Frau eine symbolische Gestalt. Das sind Sinnbilder des Alten und Neuen Bundes.
- Der Kranz mit den zwölf Sternen könnten die zwölf Stämme Israels sein. Es könnte sich auch um ein Bild aus der astralreligiösen Welt handeln. Es ist das Sternbild der Jungfrau (Göttin der Kornähre), die seit 2600 v.Chr. in Mesopotamien bekannt war.

Der Kampf des Drachen mit der Frau:

13 Als der Drache erkannte, dass er auf die Erde gestürzt war, verfolgte er die Frau, die den Sohn geboren hatte.

14 Aber der Frau wurden die beiden Flügel des großen Adlers gegeben, damit sie in die Wüste an ihren Ort fliegen konnte. Dort ist sie vor der Schlange sicher und wird eine Zeit und zwei Zeiten und eine

halbe Zeit lang ernährt.

15 Die Schlange spie einen Strom von Wasser aus ihrem Rachen hinter der Frau her, damit sie von den Fluten fortgerissen werde.

16 Aber die Erde kam der Frau zu Hilfe; sie öffnete sich und verschlang den Strom, den der Drache aus seinem Rachen gespien hatte.

17 Da geriet der Drache in Zorn über die Frau und er ging fort, um Krieg zu führen mit ihren übrigen Nachkommen, die den Geboten Gottes gehorchen und an dem Zeugnis für Jesus festhalten.

18 Und der Drache trat an den Strand des Meeres.

• Zusätze:

• Nachdem der Drache aus den himmlischen Orten verbannt wurde, durchstreifte er die Erde, um zu sehen, wen er noch verschlingen könnte. Er verfolgte die Frau, die an einen Ort in der Wüste versteckt wurde. Er möchte an ihr ein Exempel statuieren. Wegen dieser Verfolgung bekam die Frau zwei Flügel wie die eines großen Adlers. Sie konnte damit von Ort zu Ort fliegen, ohne dass der Drache wusste, wo sie sich gerade befand. An dem unwirtlichen Wüstenort scheint sie vor der Schlange sicher zu sein. Dort wurde sie versorgt. Der Vorgang dauert »Eine Zeit, zwei Zeiten und eine halbe Zeit«. (Das eigenartige Zahlenchiffre geht auf Daniel 7,25 und 12,7 zurück.)

- Der Drache holte Wasser aus dem Mittelländischen Meer, um die Frau zu ertrinken.
- Dann aber kam die Erde der Frau zu Hilfe. Sie öffnete eine tiefen Graben, worin die Wassermassen versiegten.
- Der Drache wurde zu einem Wüterich und bekämpfte alle, die den Geboten Gottes gehorchten.
- Der Drache trat ans Ufer des Meeres. Indes ist von der Frau keine Rede mehr.

KAPITEL 13

DAS TIER AUS DEM MEER

1 Und ich sah a ein Tier aus dem Meer steigen, das hatte zehn Hörner und sieben Häupter und auf seinen Hörnern zehn Kronen und auf seinen Häuptern lästerliche Namen.

2 Und das Tier, das ich sah, war gleich einem Panther und seine Füße wie Bärenfüße und sein Rachen wie ein Löwenrachen. Und der Drache gab ihm seine Kraft und seinen Thron und große Macht.

3 Und ich sah eines seiner Häupter, als wäre es tödlich verwundet, und seine tödliche Wunde wurde heil. Und die ganze Erde wunderte sich über das Tier,

4 und sie beteten den Drachen an, weil er dem Tier die Macht gab, und beteten das Tier an und sprachen: Wer ist dem Tier gleich, und wer kann mit ihm kämpfen?

5 Und es wurde ihm ein Maul gegeben, zu reden große Dinge und Lästerungen, und ihm wurde Macht gegeben, es zu tun zweiundvierzig Monate lang.

6 Lästerung gegen Gott, zu lästern seinen Namen und sein Haus und die im Himmel wohnen.

7 Und ihm wurde Macht gegeben, zu kämpfen mit den Heiligen und sie zu überwinden; und ihm wurde Macht gegeben über alle Stämme und Völker und Sprachen und Nationen.

8 Und alle, die auf Erden wohnen, beten es an, deren Namen nicht vom Anfang der Welt an geschrieben stehen in dem Lebensbuch des Lammes, das geschlachtet ist.

9 Hat jemand Ohren, der höre!

10 Wenn jemand ins Gefängnis soll, dann wird er ins Gefängnis kommen; wenn jemand mit dem Schwert getötet werden soll, dann wird er mit dem Schwert getötet werden.[1]

11 Und ich sah ein zweites Tier aufsteigen aus der Erde; das hatte zwei Hörner wie

---

[1]Jeremia 43,11: »Wer zum Tod bestimmt ist, verfällt dem Tod, wer für die Gefangenschaft, der Gefangenschaft und wer für das Schwert, dem Schwert.«Hier ist Geduld und Glaube der Heiligen!

ein Lamm und redete wie ein Drache.

12 Und es übt alle Macht des ersten Tieres aus vor seinen Augen, und es macht, dass die Erde und die darauf wohnen, das erste Tier anbeten, dessen tödliche Wunde heil geworden war.

13 Und es tut große Zeichen, so dass es auch Feuer vom Himmel auf die Erde fallen lässt vor den Augen der Menschen;

14 und es verführt, die auf Erden wohnen, durch die Zeichen, die zu tun vor den Augen des Tieres ihm Macht gegeben ist; und sagt denen, die auf Erden wohnen, dass sie ein Bild machen sollen dem Tier, das die Wunde vom Schwert hatte und lebendig geworden war.

15 Und es wurde ihm Macht gegeben, Geist zu verleihen dem Bild des Tieres, damit das Bild des Tieres reden und machen könne, dass alle, die das Bild des Tieres nicht anbeteten, getötet würden.

16 Und es macht, das sie allesamt, die Kleinen und Großen, die Reichen und Armen, die Freien und Sklaven, sich ein Zeichen machen an ihre rechte Hand oder an ihre Stirn,

17 und dass niemand kaufen oder verkaufen kann, wenn er nicht das Zeichen hat,

nämlich den Namen des Tieres oder die Zahl seines Namens.

18 Hier ist Weisheit! Wer Verstand hat, der überlege die Zahl des Tieres; denn es ist die Zahl eines Menschen, und seine Zahl ist sechshundertundsechsundsechzig.

- **Zusätze:**

  - Von zwei sogenannten Tieren wird erzählt. Eines kommt aus der Meer, das andere stammt von der Erde. Das erste Tier ist das Alphatier. Es hat zehn Hörner, auf denen es zehn Diademe trug. Das ist ein äußeres Kennzeichen von Königen.

  - Nach Jesaja 27,1 ist das Tier aus dem Meer ein Seeungeheuer namens Leviathan; es ist die alte Schlange.

  - Zudem hatte das Tier Ähnlichkeit mit einem Panther, Tatzen eines Bären und Maul eines Löwen. Es fauchte und redete gotteslästerliche Worte.

  - 42 Monate lang (1260 Tage oder 3,5 Jahre), ist wieder dem Buch Daniel entnommen.

  - Der alte feuerrote Drache hat dem Leviathan seine Macht gegeben. Die Bilder stehen für eine große Macht. Menschen fielen vor dem Tier nieder und beteten es an.

- Das zweite Tier stieg aus der Erde herauf. Es hatte zwei Hörner wie ein Widder (siehe Daniel 8,2), redete aber wie ein Drache, und es konnte Feuer spucken.
- Das Tier wurde tödlich verwundet; es wurde nach Ort und Zeit geheilt. Es wird sich dabei um den Kaiser Nero gehandelt haben.[2]
- Das Tier oder der Drache befahl den Menschen ein Standbild zu errichten (siehe Daniel 3,1 ff). In Offenbarung 13,18 wird die Zahl 666 als Geheimzahl interpretiert. Verwendet man den Zahlenwert der hebräischen Buchstaben (n = 50, r = 200, w = 6, n = 50, q = 100, s = 60, r = 200), ergibt sich der Name Neron Qesar (Kaiser Nero).

N	נ	50
E		
R	ר	200
O	ו	6
N	ן	50
K	ק	100
E		60
S	ס	
A		
R	ר	200
Summe		666

---

[2] Er hat an einem Kriegszug teilgenommen. Als er dann wieder erschien, war man der Meinung, er sei tödlich verwundet worden, dann aber wieder gesund geworden.

KAPITEL 14

DAS LAMM

Das 14.Kapitel enthält drei Abschnitte. Die Teile sind lose miteinander verbunden.

1 Nun sah ich das Lamm auf dem Zionsberg stehen und bei ihm hundertvierundvierzigtausend Menschen, auf deren Stirn sein Name und der Name seines Vaters geschrieben waren.

2 Aus dem Himmel ertönte ein Brausen, das sich wie das Tosen einer mächtigen Brandung und wie gewaltiges Donnerrollen anhörte und gleichzeitig wie Musik von Harfenspielern klang.

3 Was ich hörte, war ein neues Lied, das vor dem Thron und vor den vier lebendigen Wesen und den Ältesten gesungen wurde. Niemand war imstande, es zu lernen, außer den Hundertvierundvierzigtausend, die aus allen Völkern der Erde freigekauft

sind.

4 Sie haben sich durch keinerlei Untreue
dem Lamm gegenüber schuldig gemacht,
sondern haben sich rein bewahrt wie eine
Braut für ihren Bräutigam und folgen dem
Lamm, wohin es auch geht. Unter allen
Menschen sind sie diejenigen, die freige-
kauft wurden und wie eine Erstlingsgabe
Gott und dem Lamm geweiht sind.

5 Über ihre Lippen ist nie eine Lüge gekommen; es ist nichts an ihnen, was Tadel
verdient.

Die drei Engel

6 Dann sah ich einen Engel, der hoch oben
am Himmel flog. Ihm war eine Botschaft
von ewiger Bedeutung anvertraut, die er
allen Bewohnern der Erde zu verkünden
hatte, allen Völkern und Stämmen, den
Menschen aller Sprachen und Kulturen.

7 Mit lauter Stimme rief er: »Unterstellt
euch Gottes Herrschaft und erweist ihm
die Ehre, die ihm gebührt! Denn jetzt ist
die Stunde gekommen, in der er Gericht
hält. Fallt vor ihm nieder und betet ihn an,
den Schöpfer des Himmels und der Erde,
das Meer und alle Quellen geschaffen
hat.«

8 Auf den ersten Engel folgte ein zweiter.
Er rief: »Sie ist gefallen! Gefallen ist die
mächtige Stadt Babylon, die allen Völkern
vom Wein ihrer Unmoral zu trinken gab
und damit den furchtbaren Zorn Gottes
über sie brachte!«

9 Diesen beiden Engeln folgte ein dritter. Er
rief mit lauter Stimme: Wenn jemand das
Tier und sein Standbild anbetet und sich
das Kennzeichen des Tieres auf der Stirn
oder auf der Hand anbringen lässt,

10 muss er aus dem Becher des Gerichts den
starken, unverdünnten Wein von Gottes
furchtbarem Zorn trinken. In Gegenwart
der heiligen Engel und in Gegenwart des
Lammes wird er in Feuer und brennendem Schwefel Qualen erleiden.

11 Hier ist die ganze Standhaftigkeit derer
gefordert, die zu Gottes heiligem Volk
gehören – die unbeirrbare Treue derer,
die seine Gebote befolgen und auf Jesus
vertrauen.

12 Hier ist die ganze Standhaftigkeit derer
gefordert, die zu Gottes heiligem Volk
gehören – die unbeirrbare Treue derer,
die seine Gebote befolgen und auf Jesus
vertrauen.

13 Aus dem Himmel hörte ich eine Stimme,

die mir befahl: »Schreibe: Glücklich zu nennen sind die, die dem Herrn bis zu ihrem Tod treu bleiben! Das gilt von jetzt an mehr als je zuvor.« – Ja, sagt der Geist, sie werden sich von aller Mühe ausruhen, denn was sie getan haben, wird nicht unbelohnt bleiben.

Die Erde ist reif für das Gericht

14 Dann sah ich eine leuchtend weiße Wolke, auf der jemand saß, der wie der Menschensohn aussah. Er trug eine goldene Krone auf dem Kopf und hielt eine scharfe Sichel in der Hand.

15 Ein Engel kam aus dem Tempel im Himmel und rief dem, der auf der Wolke saß, mit lauter Stimme zu: »Mach dich mit deiner Sichel an die Arbeit und bring die Ernte ein! Die Zeit dafür ist gekommen; die Erde ist reif für die Ernte.«

16 Da ließ der, der auf der Wolke saß, seine Sichel über die Erde gleiten, und die Erde wurde abgeerntet.

17 Nun kam aus dem Tempel im Himmel ein anderer Engel; auch er hatte ein Erntewerkzeug bei sich, ein scharfes Winzermesser.

18 Und ein weiterer Engel kam vom Altar

her; es war der Engel, dem das Feuer unterstellt war. Mit lauter Stimme rief er dem, der das Winzermesser in der Hand hielt, zu: »Mach dich mit deinem scharfen Winzermesser an die Arbeit und ernte die Trauben vom Weinberg der Erde! Sie sind reif.«

19 Da ließ der Engel sein Messer durch den Weinberg der Erde fahren und erntete ihn ab. Die Früchte warf er in eine riesige Weinpresse außerhalb der Stadt. Es ist die Weinpresse des Gottes furchtbarem Zorn.

20 Als die Trauben gekeltert wurden, schoss ein Strom von Blut aus der Presse, der den Pferden bis an die Zügel reichte. Der Strom erstreckte sich 300 Kilometer weit.

- **Zusätze:**

  - Der Seher sieht ein Lamm auf dem Berg Zion stehen. Mit dem Lamm ist Jesus Christus gemeint. Der Berg Zion ist eine ehemalige Jebusiterburg in Jerusalem. Sie wurde durch das Heer Davids erobert und hieß hinfort »Die Stadt Davids «. Heute steht sie für Jerusalem. Der obige Text spricht nicht vom irdischen Zion, sondern vom himmlischen (vgl. Hebräer 12,22). Johannes verfährt in bekannter Weise. Er nimmt Textpassagen aus dem AT, verändert sie im Detail – und schreibt so die Offenbarung.

- Auf dem himmlischen Berg Zion stehen 144.000 freigekaufte Seelen. Diese Zahl ist nicht real, sondern sinnbildlich zu verstehen (siehe Kapitel 7,4: 12 x 12 x 1000).

- Das laute Donnergrollen gerät zu einen sanften Harfenspiel. Dann singen die vier lebendigen Wesen, die 24 Ältesten und die 144.000 freigekauften Seelen ein neues Lied, dass niemand singen konnte, außer denen, die es können. Dieses Lied enthält keine Falschheit und Lüge.

- Dann werden drei Engel beschrieben.

- Der erste Engel, der am Himmel flog, wurde eine Botschaft von ewiger Bedeutung übergeben. Menschen aus allen Kulturen und Religionen sollen sich Gottes Herrschaft unterwerfen.

- Der zweite Engel rief: »Gefallen ist Babylon, die mächtige Stadt.« Die Völker der Welt wurde Wein der Unmoral gegeben. Babylon heißt Babel bzw. Bab-el, was übersetzt heißt „Pforte Gottes". Es ist Absicht des Sehers, jetzt das Finale einzuleiten.

- Der dritte Engel rief: »Wenn jemand das

Tier und das Standbild anbetet und an ein Zeichen an seine Stirn (666) anbringen lässt, muss aus dem Becher den starken und unverdünnten Zorn Gottes trinken.« Diejenigen Menschen, die das Standbild angebetet haben, werden niemals Ruhe finden. Jesus sagte in Johannes 15,5: »Ich bin der Weinstock, ihr seid die Reben.«

- Diejenigen, die Gottes Volk und zu Jesus gehören, sind treu und wahrhaftig.

- Aus dem Himmel hörte ich eine Stimme: »Glücklich sind die, die bis zu ihrem Tod treu bleiben.«

- Der Vers 14 geht zurück auf Daniel 7,13-14. Anstatt die Ernte einzufahren, betritt ein weiterer Engel die Bildfläche. Er erteilt dem vorherigen Engel die Vollmacht, die Trauben von Weinbergen der Erde einzusammeln.

- Die Früchte wurden in eine Weinpresse geworfen und mit den Füßen zertreten. Der Kelter befindet sich außerhalb der Stadt Jerusalem. Christus wurde außerhalb der Stadt gekreuzigt. Der Wein, der zu Blut wurde, entsprach dem Zorn Gottes. Das Blut erstreckte sich auf 300 Kilometer.[1]

---

[1] Exodus 7,14: Erste Plage: »Wasser wurde zu Blut«.

KAPITEL 15

SIEBEN ENGEL UND SIEBEN PLAGEN

Das 15. Kapitel ist eine Einleitung zum 16. Johannes und will mit diesen Kapiteln den Fall Babylons, eigentlich Roms vorbereiten. Die Unterteilung in Kapitel und Verse geschah um 1500 n. Chr. und geht auf den katholisch geprägten französischen Theologen und Verleger Robert Estienne (genannt Stephanus) zurück.

1 Daraufhin sah ich am Himmel von neuem etwas Außergewöhnliches und Bedeutungsvolles. Es war eine Furcht erregende Erscheinung: sieben Engel, deren Auftrag es war, die sieben letzten Plagen über die Erde hereinbrechen zu lassen. Erst wenn diese Plagen vorüber sind, ist das Gericht, das Gott in seinem furchtbaren Zorn über die Erde verhängt hat, zum Abschluss gekommen.

2 Ich sah etwas wie ein gläsernes Meer, das
mit Feuer vermischt zu sein schien. An seinem Ufer sah ich die stehen, die siegreich
aus dem Kampf mit dem Tier hervorgegan-
gen waren – alle, die sein Standbild nicht
angebetet hatten und sich die Zahl seines
Namens nicht hatten anbringen lassen.
Sie hatten von Gott Harfen bekommen.

3 und sangen nun das Lied des Lammes,
jenes Lied, das schon Mose, der Diener
Gottes, gesungen hatte:

> Groß und wunderbar sind deine
> Werke, Herr, du allmächtiger Gott
> Gerecht und gut sind deine Wege,
> du König der Völker. Wer sollte
> sich dir nicht dir nicht in
> Ehrfurcht unterstellen,Herr?
> Wer sollte deinen Namen nicht
> ehren? Denn du allein bist heilig! Ja,
> alle Völker werden kommen und
> vor dir niederfallen, um dich
> dich anzubeten. Denn dein gerechtes
> Tun ist für alle sichtbar geworden.

5 Danach sah ich, wie sich der Tempel im
Himmel öffnete, das heilige Zelt,

6 und wie die sieben Engel herauskamen,
die die sieben Plagen über die Erde her-

einbrechen lassen sollten. Sie waren in reines, strahlend weißes Leinen gekleidet und trugen ein breites goldenes Band um die Brust.

7 Eines der vier lebendigen Wesen reichte den sieben Engeln sieben goldene Schalen, die mit dem furchtbaren Zorn Gottes gefüllt waren – dem Zorn dessen, der in alle Ewigkeit lebt.

8 Der ganze Tempel füllte sich mit Rauch, weil die Herrlichkeit Gottes und seine Macht gegenwärtig waren. Und niemand konnte den Tempel betreten, bis die sieben Plagen vorüber waren, mit denen die sieben Engel das Gericht Gottes vollstreckten.

- **Zusätze:**

  - Der Prophet beschreibt etwas Außergewöhnliches. Er sah sieben Engel, deren Aufgabe es war, die sieben letzten Plagen über die Erde auszugießen. Diese Aktion wird im nachfolgenden Kapitel erzählt.

  - Das gläserne Meer wurde bereits im Kapitel 4,6 erwähnt, jetzt aber ist mit Feuer vermischt. Somit ist die Mischung nicht mehr ganz gläsern.

  - An dem Ufer des Meeres sah er die stehen,

die das Standbild Nebukadnezars (Daniel 3, ff) nicht angebetet und auch die Zahl (666) nicht angebracht haben. Sie gelten als siegreich.

- Nun folgte das Lied des Mose, dem Diener Gottes, und das Lied vom Lamm.

- Dann wird eine neue Situation beschrieben: Der Tempel öffnete sich und herauskamen sieben Engel, sie sollen die sieben Plagen auf die Erde ausschütten. Sie waren mit weißen Kleidern angetan und trugen über die Brust ein goldenes Band (Priester).

- Der ganze Tempel wurde in Rauch eingehüllt. Niemand konnte den Tempel so lange betreten, bis die sieben Plagen ausgeschüttet waren.

KAPITEL 16

DIE SIEBEN SCHALEN DES ZORNS GOTTES

Die sieben Schalenvisionen, die schlagartig aufeinander folgen, entsprechen weitgehend den Posaunenvisionen. Das dürfte kein Zufall sein, eher Absicht.

1 Nun hörte ich aus dem Inneren des Tempels eine mächtige Stimme, die den sieben Engeln zurief: »Geht und gießt die sieben Schalen mit dem furchtbaren Zorn Gottes über die Erde aus!«

2 Der erste Engel trat vor und goss seine Schale über das Festland aus. Da wurden die Menschen, die das Kennzeichen des Tieres trugen und sein Standbild anbeteten, von einem bösartigen und schmerzhaften Geschwür befallen.

3 Der zweite Engel goss seine Schale über das Meer aus. Da wurde das Wasser im

Meer zu Blut, das aussah wie das Blut eines Leichnams, und alles Leben im Meer ging zugrunde.

4 Der dritte Engel goss seine Schale über die Flüsse und über die Quellen aus. Da wurden auch sie zu Blut.

5 Daraufhin hörte ich den Engel, dem die Gewässer unterstellt waren, sagen: »Gerecht bist du, heiliger Gott, der du bist und der du warst, und gerecht sind die Strafen, die du verhängt hast!

6 An den Händen dieser Menschen klebt Blut - das Blut derer, die zu deinem heiligen Volk gehören, und das Blut der Propheten. Darum hast du ihnen Blut zu trinken gegeben; sie haben es nicht anders verdient.«

7 Nun hörte ich aus dem Inneren des Tempels eine mächtige Stimme, die den sieben Engeln zurief: »Geht und gießt die sieben Schalen mit dem furchtbaren Zorn Gottes über die Erde aus!«

8 Der vierte Engel goss seine Schale über die Sonne aus. Da erhielt die Sonne eine solche Kraft, dass die Menschen von ihrer Glut versengt wurden.

9 Die Hitze war so furchtbar, dass ihnen die Haut am Körper verbrannte. Sie wussten

genau, dass Gott in seiner Macht diese
Plagen über sie hereinbrechen ließ, aber
statt umzukehren und ihm Ehre zu erweisen, verfluchten sie seinen Namen.

10 Der fünfte Engel goss seine Schale über
den Thron des Tieres aus. Da wurde
das ganze Reich des Tieres in Finsternis
gehüllt. Die Menschen litten so unerträgliche Qualen, dass sie sich vor Schmerzen
die Zunge zerbissen.

11 Doch auch jetzt bereuten sie nicht, was
sie getan hatten, und kehrten nicht zu
Gott um. Nein, wegen ihrer qualvollen
Schmerzen und wegen der Geschwüre,
von denen sie geplagt wurden, verfluchten sie den, der im Himmel thront, nur
umso mehr.

12 Der sechste Engel goss seine Schale über
den großen Strom, den Euphrat, aus. Da
trocknete der Strom aus, sodass der Weg
für die Könige aus dem Osten und ihre
Armeen frei wurde.

13 Ich sah, wie aus dem Maul des Drachen,
aus dem Maul des Tieres und aus dem
Maul des falschen Propheten drei böse
Geister herauskamen, die wie Frösche aussahen.

14 Es handelte sich um Dämonen, die Aufse-

hen erregende Wunder vollbrachten. Sie
machten sich zu den Königen der ganzen
Erde auf, um sie zusammenzubringen und
ihre Armeen in den Kampf zu führen, der
am großen Tag Gottes, des allmächtigen
Herrschers, stattfinden wird.

15 »Vergesst es nicht: Ich komme so unerwar-
tet wie ein Dieb«, sagt der Herr. »Glücklich, wer wach bleibt und seine Kleider
anbehält! Dann wird er, wenn ich komme, nicht nackt dastehen und sich nicht
schämen müssen.«

16 Jene dämonischen Geister versammelten
nun die Könige an dem Ort, der auf He-
bräisch Harmagedon heißt.

17 Der siebte Engel goss seine Schale in
die Luft aus. Daraufhin verkündete eine mächtige Stimme, die vom Thron im
Tempel kam: »Jetzt ist alles geschehen!«

18 Blitze zuckten auf, begleitet von Donnergrollen und Donnerschlägen. Ein schreck-
liches Beben erschütterte die Erde. Solan-
ge Menschen auf der Erde lebten, hat es
noch nie ein Beben von solcher Heftigkeit
gegeben.

19 Die große Stadt barst in drei Teile, und
überall auf der Erde sanken die Städte in
Trümmer. Die Stunde war gekommen, in

der Gott mit Babylon, der großen Stadt, abrechnet; jetzt wurde ihr der Becher des Gerichts gereicht, der mit dem Wein seines unerbittlichen Zorns gefüllt war.

20 Sämtliche Inseln versanken im Meer, und auch die Berge verschwanden, ohne eine Spur zu hinterlassen.

21 Ein furchtbares Hagelwetter entlud sich über der Erde; zentnerschwer fielen die Eisbrocken vom Himmel auf die Menschen. Und die Menschen verfluchten Gott wegen des Hagels, denn diese Plage war noch schrecklicher als alles, was sie bereits erlebt hatten.

- **Zusätze:**

  - Johannes will aus dem **Innern des Tempels** eine Stimme wahrgenommen haben, die den sieben Engeln Aufträge erteilt haben.

  - Der Ort „Harmagedon" steht für einen Berg oder Hügel bei Megiddo. Sie ist eine strategisch wichtige Stadt im Norden Palästinas und war Schauplatz bedeutender Schlachten in der alttestamentlichen Geschichte Israels.

  - Der erste Engel berichtet davon: Die Menschen, die das Standbild angebetet haben, werden mit schmerzhaften Geschwüren befallen (da entspricht der sechsten Plage: 2.Mose 9,8 ff, siehe auch Daniel 3 ff.)

- Der zweite Engel berichtet, dass das Meer zu Blut wurde. Alles Leben im Meer ging zugrunde (Das entspricht der ersten Plage: 2.Mose 7,14 ff).

- Der dritte Engel sagt aus: Die Quellen und Flüsse wurden zu Blut (siehe oben).

- Der vierte Engel bekam eine solche Kraft, dass die Sonne die Haut der Menschen verbrannte (nach Kapitel 8,12 verlor die Sonne ein Drittel ihrer Kraft).

- Der fünfte Engel bekam die Macht des Tieres, Finsternis zu schaffen. Finsternis entspricht der neunten Plage: 2.Mose 10,21 ff).

- Der sechste Engel: Der Strom Euphrat trocknete aus. Die Heere aus dem Osten konnten ungehindert nach Westen ziehen. Aus dem Maul des Tieres kamen Frösche heraus (Siehe zweite Plage 2.Mose 7,26-29).

- Der siebte Engel schickte Blitze und Donnergrollen auf die Erde Die Stadt Rom zerbarst in sieben Teile. Dann kam Hagelwetter und es fielen Eisbrocken vom Himmel.

Kurzfassung der sieben Plagen

Die erste Schale: Es bildete sich ein böses Geschwür bei den Menschen. Vergleichbar mit Schorf oder Grind.

Die zweite Schale: Das Meer wurde zu Blut. Alle Lebewesen im Meer starben.

Die dritte Schale: Es wurde das Blut von Heiligen und Propheten vergossen. Deshalb wurde den Gegnern dieses Blut zum Trinken gegeben. Kann man das Blut von Toten trinken? Es soll Abscheulichkeiten beschrieben werden.

Die vierte Schale: Es wurde eine Schale über die Sonne ausgegossen. Sie schien so intensiv, dass Menschen verbrannten.

Die fünfte Schale: Finsternis kam über das Reich des Tieres. Die Menschen bissen sich auf die Zunge. Daraus könnte man den Schluss ziehen, dass sie nicht mehr sprechen konnten.

Die sechste Schale: Es wird beschrieben, wie der große Strom Euphrat austrocknete; so dass die Armeen aus dem Osten ungehindert gegen Israel vorrücken konnten.

Die siebte Schale: Die Schale wurde in die Luft geworfen. Daraufhin donnerte und blitzte es. Dann wird ein gewaltiges Erdbeben beschrieben. Zentnerschwere Eisbrocken fielen vom Himmel.

KAPITEL 17

DIE HURE BABYLON

1 Einer von den sieben Engeln mit den sieben Schalen trat zu mir und sagte: »Komm, ich will dir zeigen, wie Gott die große Hure richten wird, deren Einfluss so weit reicht wie die vielen Wasserläufe, an denen sie thront,

2 die Hure, deren Liebhaber die Mächtigen der ganzen Erde waren und die mit dem Wein ihrer Unmoral die ganze Menschheit betrunken gemacht hat.«

3 Daraufhin nahm der Geist Gottes Besitz von mir, und ich sah mich vom Engel in eine Wüste versetzt. Dort sah ich eine Frau, die auf einem scharlachroten Tier saß. Das Tier hatte sieben Köpfe und zehn Hörner und war über und über mit Namen bedeckt, mit denen Gott verhöhnt wurde.

4 Die Frau selbst war in Purpur und schar-

lachrote ´Seide` gekleidet, und alles an ihr glitzerte von Gold, Edelsteinen und Perlen. Sie hielt einen goldenen Becher in der Hand, der überquoll von den Abscheulichkeiten ihrer Götzenverehrung und vom widerlichen Schmutz ihrer Unmoral.

5 Ein geheimnisvoller Name stand auf ihrer Stirn: »Babylon die Mächtige, die Mutter aller Hurer und die Urheberin aller Abscheulichkeiten auf der Erde.«

6 Ich sah, dass die Frau betrunken war, berauscht vom Blut derer, die zu Gottes heiligem Volk gehörten und wegen ihres Bekenntnisses zu Jesus umgebracht worden waren.

7 Aber der Engel sagte zu mir: »Warum bist du nur so entsetzt? Ich werde dir erklären, welche Geheimnis hinter der Frau verbirgt - hinter ihr und dem Tier mit den sieben Köpfen und den zehn Hörnern, auf dem sie sitzt.«

8 Das Tier, das du gesehen hast, war schon einmal da, und obwohl es jetzt nicht mehr da ist, wird es wieder aus dem Abgrund heraufsteigen, doch nur, um dann endgültig ins Verderben zu gehen. Alle Bewohner der Erde – alle außer denen, deren Namen seit der Erschaffung der Welt im

Buch des Lebens eingetragen sind – werden fassungslos sein vor Staunen, wenn sie das Tier wiederkommen sehen, das schon einmal da war und gegenwärtig nicht da ist.

9 Hier ist Verstand nötig; hier braucht es Weisheit von Gott. Die sieben Köpfe des Tieres sind sieben Hügel; auf diesen thront die Frau. Gleichzeitig stehen die sieben Köpfe für sieben König,

10 von denen fünf schon gestürzt sind und einer jetzt an der Macht ist. Der letzte dieser sieben Könige ist noch nicht gekommen, aber wenn er kommt, wird seine Herrschaft – so ist es ihm bestimmt – nur von kurzer Dauer sein.

11 Das Tier, das schon einmal da war und jetzt nicht mehr da ist, ist ein achter König und zugleich einer der sieben, und er geht seinem Verderben entgegen.

12 Die zehn Hörner, die du gesehen hast, sind zehn Könige, die ihre Herrschaft noch nicht angetreten haben. Doch an der Seite des Tieres werden sie für eine Stunde zu königlicher Macht aufsteigen.

13 Diese zehn verfolgen alle dasselbe Ziel und stellen ihre ganze Kraft und Macht in den Dienst des Tieres.

14 Gemeinsam werden sie gegen das Lamm in den Kampf ziehen. Aber das Lamm wird sie besiegen, denn es ist Herr über alle Herren und König über alle Könige; und mit ihm siegen werden alle, die bei ihm sind – die von Gott Berufenen und Auserwählten, die treuen Mitstreiter des Lammes.

15 Die Wasserläufe, an denen du die Hure hast thronen sehen, erklärte mir der Engel weiter, sind ein Bild für Völker und Menschenscharen, ein Bild für Menschen aller Sprachen und Kulturen.

16 Die zehn Hörner, die du gesehen hast, – also die zehn Könige -, werden sich zusammen mit dem Tier gegen die Hure wenden. In ihrem Hass auf sie werden sie ihr alles rauben, sodass sie nackt und mit leeren Händen dasteht. Zuletzt werden sie ihr Fleisch fressen und das, was von ihr übrig bleibt, verbrennen.

17 Gott selbst hat ihnen den Gedanken eingegeben, mit dem Tier gemeinsame Sache zu machen und diesem ihre ganze Macht zur Verfügung zu stellen, um gegen die Hure zu kämpfen. Denn damit führen sie den Plan Gottes aus, bis alles geschehen ist, was er angekündigt hat.

18 Und die Frau, die du gesehen hast, ist die große Stadt, die über alle Könige der Erde regiert.

- **Zusätze:**

  - Dieses Kapitel hat Ähnlichkeit mit dem 16. Dort wurden sieben Schalen des Zorns ausgegossen. Ein Engel tritt auf und versetzt Johannes in die Wüste.
  - Dort trifft er auf eine Frau, die er Hure nennt.[1] Sie sitzt auf einem Tier (kein Pferd), dass sieben Köpfe und zehn Hörner hatte. Die Frau sitzt an vielen Wasserläufen. Nach Vers 15 sind die Wasserläufe ein Bild, das für viele Völker, Sprachen und Kulturen steht.
  - Die Frau saß auf einem scharlachroten Tier.[2]

---

[1]Der Judenchrist Johannes sah dieses Reich als feindlich gegen sein Volk an. Das Volk der Juden lebte vom Ertrag von Äckern, von Viehzucht und von Fischfang. In den vielen römischen Thermen, Badehäusern und Dampfbädern trafen sich römische Senatoren. Manche Abmachungen und Händel werden hier getroffen worden sein.

[2]Jesaja 1,18: »Kommt her, wir wollen sehen, wer von uns Recht hat, spricht der Herr. Wären eure Sünden auch rot wie Scharlach, sie sollen weiß werden wie Schnee. Wären sie rot wie Purpur, sie sollen weiß werden wie Wolle.«

- Sie war selbst mit scharlachroter Seide bekleidet.[3]
- Mit dem Vers fünf stand ein geheimnisvoller Name auf ihrer Stirn.[4]
- Diese allgemeine Hure steht für allen Schmutz, Unmoral und Abscheulichkeiten. Dann aber steht das scharlachrote Tier, für einen Herrscher, der schon einmal da war. Jetzt aber nicht mehr da ist.
- Viele geheimnisvolle Herrscher werden angeführt, ohne dass explizit ein König oder Kaiser genannt wird. Johannes nennt weder Ross noch Reiter. Die Hure ist ein Bild für die Feinde des Judentums. Als Wasserläufe können Euphrat und Tigris, Nil, Tiber und Mariza gelten. Damit sind das Assyrische, das Babylonische, das Ägyptische, das Griechische und das Römische Weltreich gemeint. Sie stehen für viele Menschenmassen, Sprachen und Nationen.

---

[3]Die Kleidung der reichen Frauen war anders. Es wurden feinere und leichtere Gewebe aus China importiert. Hierzu gehörte auch die Seide. Plinius (Gaius Plinius Secundus Maior) nannte die Seide ein Mittel, das bekleidete Frauen nackt erscheinen lässt.

[4]Im antiken Rom gab es mehr als 40 Freudenhäuser. So mancher Senator wird sich ihren bedient haben. Die Huren Roms trugen einen Stirnreif auf dem Kopf, worauf dem ihr Name stand.

- Die sieben Köpfe sind ein Bild für die sieben Hügel Roms. Die zehn Hörner stehen
  für zehn Könige. Sie tun sich mit dem
  Tier zusammen, um gegen die Hure zu
  kämpfen, obwohl das Weib auf dem Tier
  saß und anscheinend eine Einheit bildete,
  sie ist nicht von Dauer. Diese neue Kon-
  stellation entspricht dem Plan Gottes. Die
  Frau steht stellvertretend für die große
  Stadt Rom.

KAPITEL 18

DER UNTERGANG BABYLONS

1 Danach sah ich einen Engel, der vom Himmel herabkam. Er war mit großer Vollmacht ausgestattet, und die Erde wurde vom Glanz seiner Herrlichkeit erleuchtet.

2 Mit gewaltiger Stimme rief er: »Sie ist gefallen! Gefallen ist die mächtige Stadt Babylon! Sie ist zu einer Behausung der Dämonen geworden, zum Tummelplatz von bösen Geistern aller Art, zum Nistplatz aller unreinen Vögel und zum Schlupfwinkel für alles unreine und Abscheu erregende Getier.

3 Denn alle Völker haben vom Wein ihrer Unmoral getrunken und damit den furchtbaren Zorn Gottes über sich gebracht. Die Mächtigen der ganzen Erde waren ihre Liebhaber, und die maßlose Verschwendungssucht dieser Hure brachte dem Han-

del einen solchen Aufschwung, dass die Geschäftsleute in aller Welt dadurch reich wurden.«

4 Dann hörte ich, wie aus dem Himmel eine andere Stimme rief: »Mein Volk, geh hinaus aus Babylon! Verlass die Stadt, damit du nicht in ihre Sünden verstrickt wirst und damit die Plagen, die über sie hereinbrechen, nicht auch dich treffen.

5 Denn ihre Sünden haben sich aufgetürmt bis an den Himmel, und jetzt zieht Gott sie für alles Unrecht, das sie begangen hat, zur Verantwortung.«

6 »Handelt an ihr, wie sie selbst gehandelt hat! Zahlt ihr doppelt zurück, was sie anderen angetan hat. Mischt in dem Becher, in dem sie den Trank für andere mischte, einen doppelt so starken Trank für sie.

7 So maßlos sie sich in ihrem eigenen Glanz sonnte und im Luxus schwelgte, so uneingeschränkt lasst sie jetzt Leid und Qual erfahren.«

8 Aber gerade deshalb werden von einem Tag auf den anderen sämtliche Plagen über sie hereinbrechen, die ihr bestimmt sind; sie wird Todesnöte, Leid und Hunger durchmachen und schließlich im Feuer umkommen. Denn Gott, der Herr, der das

Gericht an ihr vollstreckt, ist ein starker Gott.

9 Wenn dann die Mächtigen dieser Erde, die ihre Liebhaber gewesen sind und das ausschweifende Leben mit ihr in vollen Zügen genossen haben, den Rauch sehen, der von der brennenden Stadt aufsteigt, werden sie laut klagen und um sie weinen. Wenn dann die Könige der Erde, die mit ihr Hurerei getrieben und verschwenderisch gelebt haben.

10 Doch werden sie in weiter Ferne stehen bleiben, so sehr erschreckt sie der Anblick ihres qualvollen Endes. ›Was für ein Unglück!‹, werden sie rufen. ›Was für ein Unglück! Babylon, du große, du mächtige Stadt! Von einer Stunde auf die andere ist das Gericht über dich herein gebrochen.

11 Auch die Geschäftsleute in aller Welt werden um sie weinen und trauern, weil ihnen niemand mehr ihre Waren abkauft:

12 das Gold und das Silber, die Edelsteine und die Perlen, die Gewänder aus feinem Leinen und aus Seide, die purpurfarbenen und scharlachroten Stoffe, das Sandelholz, die Schnitzereien aus Elfenbein, die Gegenstände aus Edelholz, aus Bronze, Eisen und Marmor,

13 den Zimt und das Kardamon-Gewürz, die
   Duftstoffe, das Salböl und den Weihrauch,
   den Wein und das Olivenöl, das Feinmehl
   und den Weizen, die Rinder und Schafe,
   die Pferde und Wagen; und auch aller
   Menschenhandel hat dann ein Ende.

14 Nichts ist dir geblieben von den erlesenen
   Früchten, die du so sehr liebtest. Dahin ist
   all deine Pracht und all dein Prunk, und
   nichts davon wird jemals wiederkehren.

15 So werden die Geschäftsleute jammern,
   die mit all diesen Waren Handel trieben
   und Babylon ihren Wohlstand verdankten.
   Von Angst gepackt, bleiben auch sie beim
   Anblick ihres qualvollen Endes in weiter
   Ferne stehen, laut weinend vor Schmerz
   und Trauer.

16 Was für ein Unglück!, werden sie rufen.
   Was für ein Unglück! Diese großartige
   Stadt! Wie eine reiche Frau war sie in fei-
   nes Leinen gekleidet, in Purpur und scharlachrote Seide, über und über geschmückt
   mit Gold, Edelsteinen und Perlen.

17 Und jetzt, von einer Stunde auf die andere,
   ist dieser ganze Reichtum dahin! Auch alle
   Kapitäne und alle Handelsreisenden, die
   Matrosen und alle anderen, die auf See
   ihren Unterhalt verdienen, machten mit

ihren Schiffen in weiter Ferne halt,

18 als sie den Rauch sahen, der von der brennenden Stadt aufstieg. »Wie einzigartig
war sie doch, die große Stadt!«, riefen sie.

19 und brachen in lautes Weinen aus, wobei
sie sich, zum Zeichen der Trauer, Staub
auf den Kopf warfen. »Was für ein Unglück!«, klagten sie. »Was für ein Unglück!
Diese große Stadt! Alle, deren Schiffe die
Meere kreuzen und die mit ihr Handel
trieben, hat sie mit ihren Reichtümern
zu Wohlstand gebracht. Und jetzt ist sie
von einer Stunde auf die andere zerstört
worden!«

20 »Jauchzt über ihren Untergang, alle, die
ihr im Himmel wohnt! Freut euch, die
ihr zu Gottes heiligem Volk gehört; freut
euch, ihr Apostel und ihr Propheten! Denn
Gott hat sie für das, was sie euch angetan
hat, zur Rechenschaft gezogen.«

21 Nun hob ein mächtiger Engel einen Stein
hoch, der so schwer war wie ein riesiger
Mühlstein, schleuderte ihn ins Meer und
rief: Genauso wird es Babylon ergehen,
der großen Stadt! Mit aller Wucht wird
sie in die Tiefe geschleudert werden, und
nichts wird von ihr übrig bleiben.

22 Weder Harfenklänge noch Gesang, weder

Flötenspiel noch Trompetenschall werden je wieder in deinen Mauern zu hören sein, Babylon. Kein einziger Handwerker wird je wieder sein Handwerk in dir ausüben. Nie wird man deine Mühlen wieder mahlen hören.

23 Das Licht deiner Lampen ist für immer erloschen und der Jubel von Bräutigam und Braut für immer verstummt. So wird es dir ergehen, Babylon, weil deine Geschäftsleute auf der ganzen Erde als die großen Herren auftraten und weil du mit deinem verführerischen Zauber alle Völker irregeleitet hast.

24 Ja, so wird es der Hure Babylon ergehen, weil an ihren Händen Blut klebt – das Blut der Propheten, das Blut derer, die zu Gottes heiligem Volk gehören, und überhaupt das Blut aller, die je irgendwo auf der Erde umgebracht wurden.

- **Zusätze:**

  - Mit den Versen 9-20 wird der Niedergang Babylons, also Roms beschrieben. Es wird allerdings kein genauer Vorgang beschrieben.

  - Der Große Brand Roms war der größte aller Stadtbrände in antiker Zeit. Er er-

eignete sich vom 19. bis 26. Juli 64 v.Chr.,
was der Regierungszeit des Kaisers Nero
entsprach. Nach einer Angabe von Tacitus
wurden von den 14 Stadtbezirken Roms
drei völlig zerstört, in sieben Bezirken
standen von den Gebäuden nur noch we-
nige halbverbrannte Trümmer übrig, nur
vier Bezirke blieben unversehrt.[Wik]

- Nicht nur die Verkäufer, sondern auch
  die Schiffskapitäne und Seeleute anderer
  Länder machten in der Ferne halt; denn
  sie wollten sich nicht selbst gefährden.

- Ein Punkt wird gerne überlesen - ,in einer
  Stunde' (Verse 17 + 19. Das ist kein reales
  Zeitmaß, sondern steht für ein religiöses
  Maß.

- Vers 23: Jeremia 25,10: »Ich lasse bei ihnen
  aufhören den Jubelruf und den Freuden-
  ruf, den Ruf des Bräutigams und den Ruf
  der Braut, das Geräusch der Handmühle
  und das Licht der Lampe.«

- Die Hure Babylon hat die Völker der
  Welt irregeleitet. Das heutige Rom, Hauptstadt Italiens, hat weder einen König noch
  einen Kaiser. Der Vatikan mit dem Sitz
  des Papstes steht heutzutage in der Kritik.
  Amerikanische Theologen bezeichnen ihn
  als Antichrist.

KAPITEL 19

JUBEL IM HIMMEL

Nachdem Rom gefallen ist, stellvertretend für die Hure aller Huren , ertönt jetzt ein vielstimmiges Lob. Es ist ein liturgischer Lobgesang zu Ehren des Allmächtigen.

1 Danach hörte ich im Himmel lauten Jubel wie von einem vielstimmigen Chor: »Halleluja! Gepriesen sei unser Gott! Von ihm kommt das Heil, ihm gebührt die Ehre und ihm gehört die Macht.

2 Denn seine Gerichtsurteile sind richtig und gerecht. Er hat Gericht gehalten über die große Hure, die mit ihrer Unmoral die ganze Erde ins Verderben stürzte, und hat sie dafür zur Rechenschaft gezogen, dass das Blut seiner Diener an ihren Händen klebte.«

3 Und von neuem erklangen die Jubelru-
fe »Halleluja! Gepriesen sei Gott! Ja, für
immer und ewig steigt der Rauch dieser
brennenden Stadt zum Himmel auf.«

4 Auch die vierundzwanzig Ältesten und die
vier lebendigen Wesen beteten Gott an.
Sie warfen sich vor seinem Thron nieder
und riefen: »Amen! Halleluja!«

5 Und eine Stimme, die vom Thron her
kam, sprach: »Lobt unseren Gott, ihr alle,
Kleine und Große, die ihr seine Diener
seid und euch ihm in Ehrfurcht unterstellt
habt!«

6 Dann hörte ich ein weiteres Mal einen
Jubelgesang, der von einem vielstimmigen Chor zu kommen schien und wie das
Tosen einer mächtigen Brandung und wie
gewaltiges Donnerrollen klang: »Halleluja! Gepriesen sei der Herr! Denn er ist es,
der von jetzt an regiert, er, unser Gott,
der allmächtige Herrscher.

7 Lasst uns jubeln vor Freude und ihm die
Ehre geben, denn jetzt wird die Hochzeit
des Lammes gefeiert! Seine Braut hat sich
für das Fest bereitgemacht;

8 sie durfte sich in reines, strahlend weißes
Leinen kleiden.«

9 Der Engel befahl mir: »Schreibe: Glück-

lich, wer zum Hochzeitsmahl des Lammes eingeladen ist!« Und er fügte hinzu: »Auf alle diese Worte ist Verlass, denn es sind Worte Gottes.«

10 Da warf ich mich vor ihm nieder und wollte ihn anbeten. Doch er sagte zu mir: »Tu das nicht! Ich bin Gottes Diener wie du und deine Geschwister, die ihr treu zur Botschaft von Jesus steht. Bete vielmehr Gott an! Denn die prophetische Botschaft, die der Geist Gottes eingibt, ist die Botschaft von Jesus.«

Der Reiter auf dem weißen Pferd

11 Nun sah ich, dass der Himmel geöffnet war. Und auf einmal erschien ein weißes Pferd, auf dem jemand saß. Der Reiter heißt »der Treue und Wahrhaftige«, und er kommt als gerechter Richter und führt einen gerechten Krieg.

12 Seine Augen glichen lodernden Flammen, und auf dem Kopf trug er viele Kronen. Auf seiner Stirn stand ein Name, der nur ihm selbst bekannt ist,

13 und der Mantel, in den er gehüllt war, war mit Blut getränkt. Der Reiter hatte noch einen anderen Namen: »Das Wort Gottes«.

14 Ihm folgten, auf weißen Pferden reitend und in reines, leuchtend weißes Leinen gekleidet, die Heere des Himmels.

15 Aus dem Mund des Reiters kam ein scharfes Schwert. Mit diesem Schwert wird er den Völkern eine vernichtende Niederlage beibringen; er wird mit eisernem Zepter über sie regieren und sie den furchtbaren Zorn des allmächtigen Gottes erfahren lassen, indem er sie wie reife Trauben in der Weinpresse zertritt.

16 Und auf dem Mantel des Reiters – dort, wo der Mantel die Hüfte bedeckt – stand noch ein weiterer Name: »König über alle Könige und Herr über alle Herren.«

Der Sieg Christi über das Tier

17 Dann sah ich mitten in der Sonne einen Engel stehen, der allen Vögeln, die hoch oben am Himmel flogen, mit lauter Stimme zurief: »Kommt her! Versammelt euch zu dem großen Mahl, das Gott für euch zubereitet hat,

18 und fresst euch satt am Fleisch von Königen und Generälen! Fresst das Fleisch der Mächtigen, das Fleisch der Pferde und ihrer Reiter, das Fleisch aller freien Leute und aller Sklaven! Fresst das Fleisch von

Groß und Klein!«

19 Schließlich sah ich auch das Tier und die
   Könige der ganzen Erde. Ich sah, wie sie
   mit ihren Armeen gemeinsam gegen den
   Reiter auf dem weißen Pferd und gegen
   sein Heer in den Kampf zogen.

20 Doch das Tier wurde gefangen genom-
   men und mit ihm der falsche Prophet, der
   im Auftrag des Tieres all die Aufsehen
   erregenden Wunder getan und auf diese
   Weise die Menschen dazu verführt hatte,
   sich das Kennzeichen des Tieres anbringen zu lassen und sein Standbild anzubeten. Beide – das Tier und der falsche
   Prophet – wurden bei lebendigem Leib in
   den Feuersee geworfen, der mit brennendem Schwefel gefüllt ist.

21 Alle anderen wurden mit dem Schwert
   umgebracht, das aus dem Mund des Reiters auf dem weißen Pferd hervorkam.
   Und alle Vögel fraßen sich am Fleisch der
   Getöteten satt.

• **Zusätze:**

   • Die Szene schildert einen vielstimmigen
     Jubelgesang. Es wird fünfmal »Halleluja«
     gerufen. Und bei jedem Ruf geschieht
     etwas Besonderes.

- Das weiße Leinen stellt das Gute dar, das die getragen haben, die zu Gottes heiligem Volk gehören und sich nach Gottes Willen gerichtet haben.
- Der Lobgesang geht an die, die zur Hochzeit des Lammes eingeladen wurden.
- Der Abschnitt wird abgeschlossen; hier wird die Besonderheit Jesu Christi aufgezeigt.

- Es erscheint ein weißes Pferd und der darauf saß, war Christus. Er war mit einen weißen blutgetränkt Gewand begleitet. Das erinnert an seine Kreuzigung.
- Im Kapitel 6,1-8 wurden verschieden farbige Pferde vorgestellt - auch ein weißes Pferd.
- Die Augen des Reiters gleichen Feuerflammen. Das wurde bereits im Kapitel 1,14 gesagt und wird auch in Daniel 7,9 erwähnt.
- Ein scharfes Schwert kam aus seinem Mund. Damit sollen die Völker gerichtet werden.
- Dann werden wieder Trauben und Weinpresse erwähnt. Das erinnert an das Kapitel 14, 18-20.
- Der Reiter trägt den Namen »Der Treue und Wahrhaftige.« Er hat einen anderen

Namen »Das Wort Gottes.« Und auf dem Mantel steht der Name: »König über alle Könige« und »Herr aller Herren.«

- Ich sah mitten in der Sonne einen Engel stehen. Nach Kapitel 6,3 wurde die Sonne schwarz wie ein Trauergewand und nach Kapitel 8,12 verlor die Sonne ein Drittel ihrer Leuchtkraft. Da weder die Sonne ein Platz für Engel ist, noch einer der wirtlich aussieht, dass man Platz nehmen konnte; werden vielmehr apokalyptischen Reden geführt.

- Der Engel rief die Vögel herbei: Kommt her: Ich will euch etwas zu fressen geben. Das Fleisch von allen Hohen, von Generälen und allen Feinden Gottes sollt ihr verspeisen.

- Nur das Tier und der falsche Prophet werden in den mit Schwefel angereichten Feuersee geworfen. Das Tier wurde in Kapitel 13 beschrieben. Der falsche Prophet ist mit der Zahl 666 verbunden, und wird mit Kaiser Nero in Verbindung gebracht.

KAPITEL 20

DIE TAUSEND JAHRE

Über kein Kapitel der Offenbarung wurden so viel widersprüchliche Aussagen gemacht. Die eine Gruppe hält die tausend Jahre für eine reale Zahl und Zeit. Die andere Gruppe steht für eine im übertragenen Sinn. Diese tausendjährige Epoche spielt aber nur am Rand eine Rolle.

1 Dann sah ich einen Engel vom Himmel herabsteigen; auf seiner Hand trug er den Schlüssel zum Abgrund und eine schwere Kette.

2 Er überwältigte den Drachen, die alte Schlange - das ist der Teufel oder der Satan -, und er fesselte ihn für tausend Jahre.

3 Er warf ihn in den Abgrund, verschloss diesen und drückte ein Siegel darauf, damit der Drache die Völker nicht mehr verführen konnte, bis die tausend Jahre

vollendet sind. Danach muss er für kurze Zeit freigelassen werden.

4 Dann sah ich Throne; und denen, die darauf Platz nahmen, wurde das Gericht übertragen. Ich sah die Seelen aller, die enthauptet worden waren, weil sie an dem Zeugnis Jesu und am Wort Gottes festgehalten hatten. Sie hatten das Tier und sein Standbild nicht angebetet und sie hatten das Kennzeichen nicht auf ihrer Stirn und auf ihrer Hand anbringen lassen. Sie gelangten zum Leben und zur Herrschaft mit Christus für tausend Jahre.

5 Die übrigen Toten kamen nicht zum Leben, bis die tausend Jahre vollendet waren. Das ist die erste Auferstehung. Das lässt den Gedanken zu, dass es zweite Auferstehung gibt.

6 Selig und heilig, wer an der ersten Auferstehung teilhat. Über solche hat der zweite Tod keine Gewalt. Sie werden Priester Gottes und Christi sein und tausend Jahre mit ihm herrschen.

7 Der endgültige Sieg über den Satan. Wenn die tausend Jahre vollendet sind, wird der Satan aus seinem Gefängnis freigelassen werden.

8 Er wird ausziehen, um die Völker an den

vier Ecken der Erde, den Gog und den Magog, zu verführen und sie zusammenzuholen für den Kampf; sie sind so zahlreich wie die Sandkörner am Meer.

9 Sie schwärmten aus über die weite Erde und umzingelten das Lager der Heiligen und Gottes geliebte Stadt. Aber Feuer fiel vom Himmel und verzehrte sie.

10 Und der Teufel, ihr Verführer, wurde in den See von brennendem Schwefel geworfen, wo auch das Tier und der falsche Prophet sind. Tag und Nacht werden sie gequält, in alle Ewigkeit.

11 Das Gericht über alle Toten. Dann sah ich einen großen weißen Thron und den, der auf ihm saß; vor seinem Anblick flohen Erde und Himmel und es gab keinen Platz mehr für sie.

Das Gericht über alle Toten

12 Ich sah die Toten vor dem Thron stehen, die Großen und die Kleinen. Und Bücher wurden aufgeschlagen; auch das Buch des Lebens wurde aufgeschlagen. Die Toten wurden nach ihren Werken gerichtet, nach dem, was in den Büchern aufgeschrieben war.

13 Und das Meer gab die Toten heraus, die in ihm waren; und der Tod und die Unterwelt gaben ihre Toten heraus, die in ihnen waren. Sie wurden gerichtet, jeder nach seinen Werken.

14 Der Tod und die Unterwelt aber wurden in den Feuersee geworfen. Das ist der zweite Tod: der Feuersee.

15 Wer nicht im Buch des Lebens verzeichnet war, wurde in den Feuersee geworfen.

- **Zusätze:**

  - In der Offenbarung sind Engel und weltliche Fürsten eine Einheit, die nicht voneinander zu trennen sind. Sowohl die Engel als auch die uralte Schlange, Tod und Teufel sind bloß gedachte Geister, aber keine wirklichen, sichtbaren Wesen. Das bezieht sich auch auf den HERRN des Himmels und der Erde. Kein Mensch hat je solche Zeichen gesehen.

  - Der Schlüssel zum Abgrund wurde bereits in 9,1 erwähnt. Er spielt wieder eine Rolle. Der Engel hat eine große Kette in der Hand. Er packte den Satan, die uralte Schlange, den Teufel, und legte ihn für tausend Jahre in Ketten. Er warf ihn in den Untergrund (Schacht) verschloss und versiegelte ihn.

- Ob die zeitliche Befristung der Fesselung des Satans auf tausend Jahre ein Zeitabschnitt oder als Zeichen für die Einschränkung der Macht Satans zu deuten ist, lässt sich nicht belegen. Jedenfalls ist die Zeitangabe selbst nicht wortwörtlich zu nehmen.

- Was aber geschieht während der tausend Jahre? Johannes sieht Throne und die darauf saßen, waren die Seelen der Märtyrer, der Enthaupteten, die Blutzeugen, die sich zur Botschaft Jesu bekannt hatten. Sie wurden bis aufs Blut bekämpft. Sie herrschten mit ihm tausend Jahre. Wer an dieser ersten Auferstehung Teil hat, darf sich glücklich schätzen. Die tausend Jahre sind eine Epoche, die der Prophet für die geschaffen hat, die Enthauptet wurden. Nicht für Christen.

- Wenn die tausend Jahre abgelaufen sind, wird der Satan aus seinem Gefängnis frei gelassen. Der HERR hat dieses selbst veranlasst. Was aber geschieht mit Märtyrern? Die tausend Jahre sind auch für sie vorbei?

- Der Satan und die feindlichen Heere treffen sich zwischen Gog und Magog.[1]

- Die Heere Satans sind so zahlreich wie der Sand am Meer. Sie kämpfen gegen Israel und gegen die heilige Stadt. Dann aber wendet sich das Blatt. Es fiel Feuer vom Himmel und verzehrte die feindlichen Heere. Der Teufel, der Satan, das Tier und der falsche Prophet, wurden in den Feuer- und Schwefelsee geworfen und sollen dort in alle Ewigkeit gepeinigt werden.

Das Weltgericht

- Johannes sieht einen großen weißen Thron, der darauf saß war Jesus. Die übrigen Toten konnte seine Gegenwart nicht ertragen.
- Zur zweiten Auferstehung sah er die Seelen der Toten, die Kleinen und die Großen. Es wurden Bücher aufgeschlagen, dann wurde ein weiteres Buch geöffnet, es nennt sich **Buch des Lebens**. Wer darin stand, der wurde nach seinen Werken gerichtet. Auch das Meer gab die Seelen

[1]Symbolischer Name für die Völker der Endzeit, die Gott feindlich gegenüber stehen. (Magog ist ein Sohn Japhets, 1.Mose 10,3; Gog und Magog wird in Hesekiel 38,1-2 + 39,6 angeführt).

der Toten frei. Auch sie wurden nach ihren Werken beurteilt.

- Der Tod und das Totenreich wurden in den Feuersee geworfen. Und wenn jemand nicht im Buch des Lebens eingeschrieben gefunden wurde, wurde ebenfalls in den Feuersee geworfen.

KAPITEL 21

DAS NEUE JERUSALEM

1 Danach sah ich einen neuen Himmel und eine neue Erde. Der frühere Himmel und die frühere Erde waren vergangen; auch das Meer gab es nicht mehr.

2 Ich sah die heilige Stadt, das neue Jerusalem, von Gott aus dem Himmel herabkommen, schön wie eine Braut, die sich für ihren Bräutigam geschmückt hat.

3 Und vom Thron her hörte ich eine mächtige Stimme rufen: »Seht, die Wohnung Gottes ist jetzt bei den Menschen! Gott wird in ihrer Mitte wohnen; sie werden sein Volk sein – ein Volk aus vielen Völkern, und er selbst, ihr Gott, wird immer bei ihnen sein.

4 Er wird alle ihre Tränen abwischen. Es wird keinen Tod mehr geben, kein Leid und keine Schmerzen und es werden kei-

ne Angstschreie mehr zu hören sein. Denn
was früher war, ist vergangen.«

5 Daraufhin sagte der, der auf dem Thron
saß: »Seht, ich mache alles neu.« Und er
befahl mir: »Schreibe die Worte auf, ´die
du eben gehört hast! Denn sie sind wahr
und zuverlässig.«

6 Dann sagte er zu mir: »Nun ist alles erfüllt.
Ich bin das A und das O, der Ursprung
und das Ziel aller Dinge. Wer Durst hat,
dem werde ich umsonst von dem Wasser
zu trinken geben, das aus der Quelle des
Lebens fließt.

7 Das alles wird das Erbe dessen sein, der
siegreich aus dem Kampf hervorgeht, und
ich werde sein Gott sein, und er wird mein
Sohn sein.

8 Schlimm jedoch wird es denen ergehen,
die sich feige zurückziehen und den Glauben verraten, deren Leben in meinen Augen verabscheuungswürdig ist, die andere umbringen, sich sexueller Ausschweifung hingeben, okkulte Praktiken ausüben oder Götzen anbeten. Auf sie und
auf alle, die es mit der Lüge halten, war-
tet der See aus Feuer und brennendem
Schwefel, und das bedeutet: Auf sie war-
tet der zweite Tod.«

Das neue Jerusalem

9 Es trat einer von jenen sieben Engeln zu
mir, die die sieben Schalen mit den sieben
letzten Plagen ausgeschüttet hatten; er
sagte zu mir »Komm, ich will dir die Braut
des Lammes zeigen, die Frau, die das
Lamm für sich erwählt hat.«

10 Daraufhin nahm der Geist Gottes Besitz
von mir, und ich sah mich vom Engel
auf den Gipfel eines sehr hohen Berges
versetzt. Von dort aus zeigte er mir Jerusalem, die heilige Stadt, die von Gott aus
dem Himmel herabgekommen war.

11 Gottes Herrlichkeit erfüllte die Stadt, sodass sie wie ein überaus kostbarer Edel-
stein leuchtete; sie funkelte wie ein Diamant.

12 Die Stadt war von einer mächtigen, hohen
Mauer umgeben und hatte zwölf Tore, an
denen zwölf Engel ´Wache hielten‘ und
auf denen zwölf Namen standen – die
Namen der zwölf Stämme Israels.

13 Drei Tore gingen nach Osten, drei nach
Norden, drei nach Süden und drei nach
Westen.

14 Das Fundament der Stadtmauer bestand
aus zwölf Grundsteinen, auf denen eben-

falls zwölf Namen standen – die Namen
der zwölf Apostel des Lammes.

15 Der Engel, der mit mir gesprochen hatte, hatte einen goldenen Messstab in der
Hand, der ihm dazu diente, die Stadt ein-
schließlich ihrer Tore und ihrer Mauer zu
vermessen.

16 Länge und Breite der Stadt waren gleich;
sie war quadratisch angelegt. Nun vermaß
der Engel die Stadt mit seinem Messstab:
Sowohl in der Länge und in der Breite als
auch in der Höhe waren es je zwölftausend Stadien. B) Etwa 2200 Kilometer.

17 Er maß auch die Höhe der Stadtmauer. Sie
betrug, nach menschlichem Maß gerech-
net – dem Maß, das der Engel verwendete
-, hundertvierundvierzig Ellen (entspricht
runde 70 Meter).

18 Die Mauer war aus Diamanten gebaut,
und die Stadt selbst bestand aus reinem
Gold, das wie geschliffenes Kristall schim-
merte und glänzte.

19 Verschiedenartigste kostbare Steine gaben auch dem Fundament der Mauer ein
prachtvolles Aussehen. Der erste Grund-
stein war ein Diamant, der zweite ein
Lapislazuli, der dritte ein Rubin, der vierte ein Smaragd,

20 der fünfte ein Achat, der sechste ein Karneol, der siebte ein Chrysolith, der achte
ein Beryll, der neunte ein Topas, der zehn-
te ein Chrysopras, der elfte ein Saphir und
der zwölfte ein Amethyst.

21 Die zwölf Stadttore bestanden aus zwölf
Perlen; jedes Tor war aus einer einzigen
Perle geformt. Und die breite Straße, ´die
mitten durch die Stadt führte,‘ war aus
reinem Gold und durchscheinend wie Kristall.

22 Einen Tempel sah ich nicht in der Stadt.
Der Herr selbst, der allmächtige Gott, ist
ihr Tempel, er und das Lamm.

23 Auch sind weder Sonne noch Mond nötig,
um der Stadt Licht zu geben. Sie wird von
der Herrlichkeit Gottes erhellt; das Licht,
das ihr leuchtet, ist das Lamm.

24 Die Völker werden in dem Licht leben, das
von der Stadt ausgeht, und von überall
auf der Erde werden die Könige kommen
und ihren Reichtum in die Stadt bringen.

25 Die Tore der Stadt werden den ganzen
Tag geöffnet sein; mehr noch: Weil es dort
keine Nacht gibt, werden sie überhaupt
nie geschlossen.

26 Die herrlichsten Schätze und Kostbarkeiten der Völker werden in die Stadt ge-

bracht.

27 Aber etwas Unreines wird dort niemals Einlass finden. Wer Dinge tut, die Gott verabscheut, und sich in seinem Handeln von der Lüge leiten lässt, darf nicht hineingehen. Zutritt haben nur die, die im Lebensbuch des Lammes eingetragen sind.

- **Zusätze:**

  - Der Vers neun berichtet von einem Engel, der einer von denen war, die mit den Schalen gefüllte Plagen identisch waren. (siehe Kapitel 15,7 ff, 16,1 ff 17,1 ff). Die Stadt wurde nicht erbaut; sondern kam vom Himmel herab. Die Stadt zeigte die Herrlichkeit Gottes.[1]

  - Der Prunk der Stadt wird in den Versen 11–22 beschrieben. Die Aussagen wurden dem Buch Hesekiel entnommen (Kapitel 40–48).

  - Einige Textbezüge: **Hesekiel 40,2-4:** »In göttlichen Visionen brachte er mich ins Land Israel und stellte mich auf einen sehr hohen Berg. In südlicher Richtung war auf dem Berg etwas wie eine Stadt erbaut.

---

[1] **Jesaja 65,17:** »Denn siehe, ich will einen neuen Himmel und eine neue Erde schaffen, dass man der vorigen nicht mehr gedenken und sie nicht mehr zu Herzen nehmen wird.«

Dorthin brachte er mich. Da sah ich einen Mann, der aussah, als sei er aus Bronze. Er hatte eine Schnur aus Leinen und eine Messlatte in der Hand und stand im Tor. Der Mann sagte zu mir: Menschensohn, öffne deine Augen und Ohren, sieh und höre und achte auf alles, was ich dir zeige. Denn du bist hierher gebracht worden, damit ich es dir zeige. Berichte alles, was du siehst, dem Haus Israel.«

Hesekiel 48,30-35:

»Das sind die Ausgänge der Stadt. Die Stadttore sind nach den Stämmen Israels benannt: auf der Nordseite, die 4500 Ellen misst, drei Tore: ein Tor ist nach Ruben benannt, ein Tor nach Juda und ein Tor nach Levi; auf der Ostseite, die 4500 Ellen misst, drei Tore: ein Tor nach Josef, ein Tor nach Benjamin und ein Tor nach Dan; auf der Südseite, die 4500 Ellen misst, drei Tore: ein Tor nach Simeon, ein Tor nach Issachar und ein Tor nach Sebulon; auf der Westseite, die 4500 Ellen misst, drei Tore: ein Tor nach Gad, ein Tor nach Ascher und ein Tor nach Naftali. Der Umfang der Stadt beträgt 18.000 Ellen. Und der Name der Stadt soll von heute an sein: Hier ist der Herr.«

Dann werden die Fundamente der Stadt beschrieben. Sie hat zwölf Grundsteine, worauf die Namen der 12 Stämme stehen. Der Pro-

phet blickt zurück und erhält einen golden
Messstab in die Hand. Damit soll er die Stadt-
mauer und die Tore ausmessen. Das neue
Jerusalem wird mit genauen Zahlen belegt.
Die Stadt ist kubisch angelegt. Die Maße für
Länge, Breite und Höhe bekommen die glei-
chen Werte. Es ist von 12.000 Stadien die
Rede.[2]

- **Jesaja 60,11:**
  »Deine Tore bleiben immer geöffnet, sie werden bei Tag und bei Nacht nicht geschlossen,
  damit man den Reichtum der Völker zu dir
  hinein tragen kann; auch ihre Könige führt
  man herbei.«

- Nachdem Völker die Kostbarkeiten, den Licht-
  glanz Gottes und des Lammes bestaunt haben, darf kein Unreines (vgl. Jesaja 52,1), kein
  Mensch der Gräuel verübt und Lügen verbrei-
  tet hat, die Stadt betreten. Es bekommen nur
  solche Personen Einlass, die im Lebensbuch
  des Lammes verzeichnet sind.

- Das neue Jerusalem, was vom Himmel herab
  kam, kann kein Unreines, keine Lüge Bestand
  haben.

---

[2]Überträgt man die Maße auf heute gebräuchliche Werte,
ergibt sich daraus eine Seitenlänge von je 2400 km. Das
Volumen würde 138 Millionen km^3 betragen. Solche
Rechenbeispiele zeigen die gesamten nahöstlichen
Welten.

KAPITEL 22

VOM WASSER DES LEBENS

Die Bibelübersetzung »Bibel.heute« ist die einzige, die von einem Engel spricht. Es ist das letzte Kapitel der Offenbarung.

1 Der Engel zeigte mir auch einen reinen Strom, der wie Kristall glänzte; es war der Strom mit dem Wasser des Lebens. Er entspringt bei dem Thron Gottes und des Lammes

2 und fließt die breite Straße entlang, die mitten durch die Stadt führt. An beiden Ufern des Stroms wächst der Baum des Lebens. Zwölfmal im Jahr trägt er Früchte, sodass er jeden Monat abgeerntet werden kann, und seine Blätter bringen den Völkern Heilung.

3 In dieser Stadt wird es nichts mehr geben, was unter dem Fluch Gottes steht. Der Thron Gottes und des Lammes wird in

der Stadt sein, und alle ihre Bewohner werden Gott dienen und ihn anbeten.

4 Sie werden sein Angesicht sehen und werden seinen Namen auf ihrer Stirn tragen.

5 Es wird auch keine Nacht mehr geben, sodass man keine Beleuchtung mehr braucht. Nicht einmal das Sonnenlicht wird mehr nötig sein; denn Gott selbst, der Herr, wird ihr Licht sein. Und zusammen mit ihm werden sie für immer und ewig regieren.

Warten auf die Wiederkunft Christi: Zusagen und Warnungen

6 Der Engel sagte zu mir: »Alles, was dir mitgeteilt wurde, ist wahr und zuverlässig. Der Herr selbst – der Gott, dessen Geist durch die Propheten redet – hat seinen Engel, gesandt, um seinen Dienern zu zeigen, was kommen muss und schon bald geschehen wird.«

7 »Denkt daran: Ich komme bald«, sagt Jesus. »Glücklich, wer sich nach diesem Buch mit seiner prophetischen Botschaft richtet!«

8 Ich, Johannes, habe alles gehört und gesehen, was hier berichtet ist. Überwältigt

von dem, was ich gehört und gesehen hatte, warf ich mich vor dem Engel nieder, der mir das alles gezeigt hatte, und wollte ihn anbeten.

9 Doch er sagte zu mir: »Tu das nicht! Ich bin Gottes Diener wie du und deine Brüder, die Propheten, und wie alle, die sich nach der Botschaft dieses Buches richten. Bete vielmehr Gott an!«

10 Weiter sagte der Engel zu mir: »Versiegle dieses Buch nicht! Halte seine Botschaft nicht geheim! Denn was hier angekündigt ist, wird sich bald erfüllen.

11 Wer Unrecht tut, mag weiter Unrecht tun, und wer an Unreinheit Gefallen hat, mag sich weiter verunreinigen. Wer aber so handelt, wie es recht ist, soll weiterhin das Rechte tun, und wer ein geheiligtes Leben führt, soll weiterhin so leben, wie es Gott gefällt.«

12 »Ja, ich komme bald«, sagt Jesus, und bringe jedem den Lohn mit, den er für sein Tun verdient hat.

13 Ich bin das A und das O, der Erste und der Letzte, der Ursprung und das Ziel aller Dinge.

14 Glücklich, wer seine Kleider wäscht und sie von allem Schmutz reinigt! Er hat das

Recht, vom Baum des Lebens zu essen; die Tore der Stadt werden ihm offen stehen.

15 Keinen Zutritt hingegen haben die abtrünnigen Hunde und die, die okkulte Praktiken ausüben, sich sexueller Ausschweifung hingeben, andere umbringen oder Götzen anbeten. Sie und alle, die die Lüge lieben und sich in ihrem Tun von ihr leiten lassen, sind und bleiben draußen.

16 Ich, Jesus, habe meinen Engel zu euch gesandt, um euch diese Botschaft bekannt zu machen; sie ist für alle Gemeinden bestimmt. Ich bin der Nachkomme Davids, der Spross aus seinem Wurzelstock. Ich bin der helle Morgenstern.

17 Der Geist Gottes und die Braut rufen: »Komm!« Und wer diesen Ruf hört, soll ebenfalls sagen: »Komm!« Wer Durst hat, der komme! Wer will, der trinke vom Wasser des Lebens; er bekommt es umsonst.

18 Ich erkläre jedem, der die prophetische Botschaft dieses Buches hört: Wer dieser Botschaft etwas hinzufügt, dem wird Gott die Plagen zufügen, die in diesem Buch beschrieben sind.

19 Und wer von der prophetischen Botschaft dieses Buches etwas wegnimmt, dem wird Gott wegnehmen, was ihm in diesem Buch

als sein Anteil zugesprochen ist – das Recht, vom Baum des Lebens zu essen, und das Recht, in der heiligen Stadt zu wohnen. dem wird Gott seinen Teil am Baum des Lebens und an der heiligen Stadt wegnehmen, von denen in diesem Buch geschrieben ist.

20 Der, der sich für die Wahrheit aller dieser Dinge verbürgt, sagt: »Ja, ich komme bald, Amen.« Ja, komm, Herr Jesus,

21 Die Gnade des Herrn Jesus sei mit allen. Amen.

- **Zusätze:**

  - Johannes wird ein Strom gezeigt: Er nennt sich »Wasser des Lebens«. Der Strom entsprang vom Thron Gottes und des Lammes.
  - Mitten auf der breiten Straße der Stadt und an beiden Ufern des Stroms wächst der Baum des Lebens (1.Mose 2,9).
    Johannes erwähnt einen bereits bekannten Gedanken. »Ich bin das Alpha und Omega.« Diese Bezeichnung wurde bereits im Kapitel 1,8 gemacht. Insofern bietet der Gedanke nichts Neues.
    Ezechiel 47,12: »An beiden Ufern des Flusses wachsen alle Arten von Obstbäu-

men. Ihr Laub wird nicht welken und sie werden nie ohne Frucht sein. Jeden Monat tragen sie frische Früchte; denn das Wasser des Flusses kommt aus dem Heiligtum. Die Früchte werden als Speise und die Blätter als Heilmittel dienen.«

Vers 10: **Daniel 12,4 + 9:** »Du, Daniel, halte diese Worte geheim und versiegele das Buch bis zur Zeit des Endes.«

Vers 9: »Geh, Daniel! Diese Worte bleiben verschlossen und versiegelt bis zur Zeit des Endes.«

Johannes aber soll das Buch nicht verschließen. Das wurd Neben dem Vers 10 wurde das bereits im Vers sieben gesagt.

- Es wird keinen Fluch und keine Nacht mehr geben, und sie herrschen von Ewigkeit zu Ewigkeit. Der Prophet Johannes verwendet bekannte Sprachgewohnheiten. Er wusste um Flüche sind und was Nacht ist. Denn wenn es einen neuen Himmel und eine neue Erde geben sollte, gibt es auch eine Rotation und damit gibt es Tag und Nacht. Auch die Bezeichnung „von Ewigkeit zu Ewigkeit" ist »doppelt gemoppelt«. Man könnte schließen, es gäbe zwischen den zwei Ewigkeiten ein Zwischenstück namens Unewigkeit. Davon spricht der Text in Vers 15: Es ist die Rede von Hunden, Zauberer, Unzucht, Mörder und Götzendiener und jeder, der die Lüge liebt und tut.

- Wer dem Wort Gottes etwas hinzufügt, dem wird Gott die Plagen hinzufügen, von denen im Buch geschrieben steht. Man hatte erwartet, dass der neue Himmel und die neue Erde frei ist von allem Nöten, Beschwernissen und Ärgernissen, aber offensichtlich redet Johannes von der bekannten, alten Welt, der in eine neue Welt überträgt. Er kann aber nur von der alten Welt reden. Die neue Welt kann nicht mit der alten Welt parallel gehen.

Die Offenbarung des Johannes endet mit den Worten: **»Die Gnade des Herrn Jesus sei mit allen!«**

ABBILDUNGSVERZEICHNIS

SACHVERZEICHNIS

BIBELSTELLENVERZEICHNIS

LITERATURVERZEICHNIS

[Loh88]   Eduard Lohse. *Die Offenbarung des Johannes*. Vandenhoeck und Ruprecht, 1988. ISBN: 3-525-51369-0.

[BLM]   Helmut Burkhardt, Fritz Laubach und Gerhard Maier. *Das große Bibellexikon*. Hrsg. von R.Brockhaus Verlag. ISBN: 3-417-24741-1.

[Wik]   *Onlinelexikon*. URL: www . de . wikipedia.org.